GHIDUL COMPLET PENTRU CINA SUSHI ÎN 30 DE MINUTE SAU MAI MAI MULT

100 de rețete proaspete pentru a stăpâni arta de a face sushi acasă, precum și într-un restaurant

Dumitra Bogdan

© COPYRIGHT 2022 TOATE DREPTURILE REZERVATE

Acest document este orientat spre furnizarea de informații exacte și de încredere cu privire la subiectul și problema abordată. Publicația este vândută cu ideea că editorul nu este obligat să presteze servicii contabile, autorizate oficial sau altfel calificate. Dacă este necesară consultarea, juridică sau profesională, ar trebui să se solicite o persoană practicată în profesie.

În niciun fel nu este legal să reproduci, să dublezi sau să transmită orice parte a acestui document, fie prin mijloace electronice, fie în format tipărit. Înregistrarea acestei publicații este strict interzisă și orice stocare a acestui document nu este permisă decât cu permisiunea scrisă a editorului. Toate drepturile rezervate.

Avertisment Disclaimer, informațiile din această carte sunt adevărate și complete după cunoștințele noastre. Toate recomandările sunt făcute fără garanție din partea autorului sau a publicării poveștii. Autorul și editorul își declină răspunderea în legătură cu utilizarea acestor informații

Cuprins

INTRODUCERE 6

1. MINI SUSHI ÎN FORMA DE PANDA..................8
2. RETETA DE SUSHI: SUSHI FLAMING HOT 9
3. SUSHI BURGER 10
4. SUSHI DE TON CU MAIONEZĂ PICANTĂ 12
5. ROLL SUSHI UMPLUT DE CREVETI CU MASAGO..13
6. RETETA DE SUSHI FRUCT CU SOS DE TAMARIND...15
7. RETETA DE SUSHI DE FRUCTE DELICIOSA ...16
8. SUSHI CU DIFERITE AROMURI 18
9. SUSHI DE CREVEȚI 20
10. PLAT DE SUSHI 22
11. ROLA DE SUSHI DE LEGUME CU BRÂNZĂ 23
12. SUSHI CREMA DE BRRANZA CU KIWI 25
13. SUSHI DE OREZ BRUN CU BRÂNZĂ DE CAPRĂ ȘI SPARANGEL 26
14. TORTA SUSHI CU SURIMI SI CREMA DE BRRANZA 27

15. MAKI - SUSHI PENTRU ÎNCEPĂTORI ȘI CUNOSCĂTORI ... 29
16. VARIAȚIA SUSHI ... 31
17. OREZ SUSHI ... 34
18. CALIFORNIA ROLL ... 36
19. BOL DE SUSHI ... 38
20. SUSHI ... 40
21. FUTOMAKI, SUSHI CU SOMON Afumat SI CREMA DE BRRANZA ... 43
22. ONIGIRI CU SOMON SI PUI ... 45
23. SALATA JAPONEZĂ DE ALGE MARINE ... 46
24. SOMON - SUSHI ... 48
25. TAMAGOYAKI - OMLETĂ JAPONEZĂ ... 49
26. SUSHI LOW CARB ... 51
27. ROLULE GROSE DE SUSHI ... 53
28. CALIFORNIA SE ROLĂȘTE ÎN INTERIOR - AFARA ... 55
29. SALATA DE SPANAC CU SOS DE SUSAN ... 57
30. SUSHI - OREZ ... 59
31. TEMAKI SUSHI ... 61
32. SALATA DE SUSHI ... 62
33. SUSHI ... 64
34. SUSHI BOWL ELA ... 66
35. OREZ PENTRU SUSHI ... 68

36. OREZ SUSHI 69
37. GIMBIR MURAT (GARI) 71
38. ROLULE DE SUSHI SUBTIRI 73
39. SUSHI DIP - SUSHI SAUCE 76
40. SUSHI CU TOFU 77
41. INARI - SUSHI 79
42. SUSHI LOW CARB 80
43. BILUTE DE SUSHI 82
44. SUSHI DULCE 83
45. SUSHI CU DIFERENTA - DULCE CA DESERTUL 86
46. SUSHI 88
47. NIGIRI - SUSHI CU CREVETI 91
48. GARI - GIMBIR MURAT 93
49. NIGIRI SUSHI 95
50. SUSHI ROLATE (MAKIZUSHI) 96
51. CASTRAVETE - SUSHI 99
52. OSHI --SUSHI 100
53. ROLA DE SOMON CALIFORNIA 102
54. SUSHI CU ZMEURE ÎN ACOPERIRE DE NUCI 105

55. ROLULE MARI CROMANTE 106

56. SUSHI CU ROSII SI MOZZARELLA 108

57. SUSHI CU Umplutură de morcovi și castraveți 110

58. SUSHI - REȚETA DE BAZĂ DE OREZ 112

59. SUSHI DE TON 113

60. MAKI SUSHI DELICIOS CU SURIMI 114

61. NIGIRI - SUSHI CU SOMON Afumat 116

62. ROLA DE DRAGON 118

63. DIP DE LAMAIE SOIA 122

64. TORTA SUSHI 123

65. SANDWICH SUSHI 126

66. CIUPERCI NORI MAKI SUSHI Umplutură 128

67. BURRITO SUSHI CU PIPT DE CURCUN, MANGO ȘI AVOCAT 129

68. GOȘĂRI SUSHI 130

69. SUSHI VEGAN DELUXE 132

70. OMLETTE TAMAGOYAKI SUSHI 133

71. Șuruburi - SUSHI 135

72. BOL DE SUSHI CU DRESSING ASIATIC INGENIOS 136

73. TOAST SUSHI 139

74. ciuperci SHIITAKE PENTRU SUSHI 140

75. BOL DE SUSHI CU TAMAGOYAKI 142

76. SUSHI LOW CARB 144
77. SUSHI VEGAN 146
78. SUSHI FISH AND CHIPS 148
79. SUSHI DULCE CU FRUCTE 150
80. SUSHI - OREZ 152
81. SUSHI TERIYAKI 153
82. SALATA SUSHI 154
83. SPREEWALD SUSHI 157
84. GĂTIȚI OREZUL SUSHI LA MICROUNDE .. 159
85. SUSHI FĂCUT DIN ciuperci cu stridii (LOW CARB) 160
86. SUSHI "KAPPA MAKI" 161
87. SIMFONIA NIGIRI SUSHI 162
88. VEGAN KIMCHI SUSHI 165
89. ST. PAULI - SUSHI CU REDUCERE DE BALSAM 167
90. SUSHI MUNTAIN STIL 169
91. OREZ SUSHI, JAPONEZ 171
92. OREZ SUSHI 173
93. OREZ DE SUSHI PERFECT 174
94. TAVITA SUSHI 175

95. OREZ JAPONEZ FĂRĂ OAREZĂ 177
96. HOSO - MAKI CU LEGUME 179
97. SOS TERIYAKI 180
98. PUI ONIGIRI TERIYAKI 181
99. TARTARE DE TON CU PESTO DE CORIANDR 183
100. OUĂ PRIETE ÎN STIL JAPONEZ 184
CONCLUZIE 187

INTRODUCERE

Sushi este un fel de mâncare foarte faimos care provine din mâncarea tradițională japoneză. Acest fel de mâncare este adesea consumat ca o gustare. Există diferite tipuri de feluri de mâncare sushi făcute de diverși bucătari profesioniști de sushi. Sushi este de fapt un fel de mâncare făcut din orez alb gătit în oțet de orez și servit împreună cu diferite tipuri de toppinguri. Există varietăți de toppinguri care sunt folosite, cum ar fi pește crud sau gătit sau alte fructe de mare și diverse legume. Acesta este felul de mâncare tradițional japonez și se prepară în moduri diferite, dar în fiecare tip se folosește doar orez alb cu bob scurt.

Un amestec de zahăr, sare și oțet este dat după ce orezul este gătit și, uneori, se adaugă și sake pentru a obține un fel de aromă diferită. Apoi, condimentul se face la temperatura camerei pentru a adăuga mai multă aromă. Există diferite tipuri de sushi disponibile în restaurante, care sunt servite cu o varietate de toppinguri și umpluturi. În special peștii de adâncime, cum ar fi tonul și somonul, sunt preferați de majoritatea bucătarilor profesioniști de sushi pentru a fi folosiți ca topping. Unele dintre celelalte tipuri de pește, cum ar fi macroul, snapperul și coada galbenă, sunt, de asemenea, folosite pentru a face un preparat de sushi perfect.

Rulourile de sushi sunt, de asemenea, foarte renumite și necesită împachetare cu alge nori și pot fi folosite și ca gustări. Aceste gustări sunt aromate în teriyaki, care este servit împreună cu pastă de hrean numită pastă de wasabi, sare de mare și câteva semințe de susan prăjite cunoscute și sub numele de gomashio, sos de soia și ghimbir murat. Există unele baruri tradiționale de sushi care servesc ceai verde împreună cu masa de sushi și există unele în care se servește vin de sake cu acesta. Sake este un vin foarte popular preparat cu orez și servit cald iarna.

1. MINI SUSHI ÎN FORMA DE PANDA

INGREDIENTE

- 4 căni de orez japonez
- 3 hojas de alga nori

PREGĂTIREA

1. Se spala orezul si se lasa 10 minute la macerat in apa, se scurge 5 minute si se coase intr-o oala sub presiune 15 minute si se ia de pe foc.
2. Tăiați alga nori fâșii și formați bile cu orezul.

3. Lipiți feliile de nori de biluțele de orez și formați chiftele.

2. RETETA DE SUSHI: SUSHI FLAMING HOT

INGREDIENTE

- 4 castraveți
- 4 pachete de bomboane de tamarind ▢ ½ cană de camoy
- 1 plic de amestec fierbinte de cartofi
- 3 lămâi
- 4 linguri. de salsa

PREGĂTIREA

1. Se pasează cartofii, se amestecă cu sucul de lămâie, sosul și jumătate de muşcă. Cupa castraveții cu ajutorul unei linguri lungi, se umple cu amestecul anterior.
2. Tăiați în felii și însoțiți cu dulciuri și camoy.

3. SUSHI BURGER

INGREDIENTE

- 12 creveți medii încorporați
- 500 g de orez sushi fiert și condimentat
- ½ castravete feliat
- 1 morcov ras
- ½ avocado
- 1 lingură susan negru ⬜ ½ cană sos de soia
- 3 lămâi (sucul)

PREGĂTIREA

1. Puneți creveții pe o foaie de copt și coaceți timp de 10 minute sau până când devin

maro auriu și crusta este foarte crocantă. Rezervare.
2. Cu ajutorul mâinilor umede, luați orezul și formați un fel de chiflă de hamburger. Te poți ajuta cu o matriță umedă anterior care are acea formă. Formați 4 capace și 4 baze, având grijă să nu apăsați prea mult „chilele" pentru ca orezul să aibă o consistență bună.
3. Asamblați „burgerii sushi" întinzând puțin sos Tampico pe bază, apoi puneți feliile de castraveți, morcovul, creveții și, la final, avocado. Închideți și decorați cu susan negru. Insotiti cu sosul de soia amestecat cu sucul de lamaie.

4. SUSHI DE TON CU MAIONEZĂ PICANTĂ

Ingrediente

- 2 căni de orez sushi preparat
- 100 g ton proaspăt în fâșii subțiri
- 1/2 castravete in fasii subtiri
- 2 cepe Cambray tocate
- 1/2 cană de maioneză
- 1 ardei serrano, tocat
- 4 alge marine pentru sushi
- 6 linguri sos de soia
- 1 cucharada de mirin
- 1 lingura de suc de lamaie
- Makisu

Pregătirea

1. Amestecați sosul de soia cu mirinul și sucul de lămâie. Rezervare.
2. Acoperiți makisu-ul cu plastic. Udati-va mainile si asezati un pat de orez pe 3/4 din alge (in centru) cat mai subtire. Puneți-l în makisu.
3. Aranjați tonul și feliile de castraveți pe lungime. Udați-vă degetul cu puțină apă și treceți-l prin algele fără orez. Rulați cu makisu, apăsați bine și închideți rulada. Tăiați-o cu un cuțit umed.
4. Combinați chili-ul cu maioneza și ceapa. Întindeți amestecul pe fiecare bucată.
5. La servire, insotiti cu amestecul de soia.

5. ROLL SUSHI UMPLUT DE CREVETI CU MASAGO

INGREDIENTE

- 2 căni de orez sushi preparat
- 8 creveți fierți și curățați de coajă
- 1 avocado, feliat subțire
- 1/2 castravete in fasii subtiri
- 1/2 cană de masago
- 4 alge marine pentru sushi
- 6 linguri de soia
- 1 lingura mirin
- 1 lingura de suc de lamaie

PREGĂTIREA

1. Amestecați soia cu mirinul și sucul de lămâie. Rezervare.

2. Acoperiți un makisu cu plastic. Umeziți-vă mâinile și puneți un pat de orez pe 3/4 de alge (în centru) cât mai subțiri, puneți-l în makisu.
3. Adăugați creveții, castraveții și avocado de-a lungul algelor. Udați-vă degetul cu puțină apă și treceți-l prin algele fără orez. Rulați cu ajutorul makisu-ului, apăsați bine până se închide rulada.
4. Cu mâna întindeți puțin masago pe rolă și apăsați-l din nou. Tăiați-l cu ajutorul unui cuțit umed și însoțiți-l cu boabele de soia.

6. REtETA DE SUSHI FRUCT CU SOS DE TAMARIND

INGREDIENTE

- 3 căni de orez sushi preparat
- 2 hojas de alga nori
- 2 pachete mici de crema de branza taiata fasii
- 1 mango manila, decojit și tăiat fâșii
- 1/2 cană de ananas tocat
- 2 kiwi, curatati de coaja si taiati fasii
- 1/2 cană concentrat comercial de tamarind (pentru a face apă, nediluat)
- 1/4 de cană de sos de soia
- 2 ardei iute chipotle marinați

- 1 lingura de suc de lamaie

PREGĂTIREA

1. Pe fata de masa din bambus, aranjati 1 foaie de alga nori, cu partea opaca in sus.
2. Deasupra se distribuie 1/2 cana de orez (se lasa o margine de 1 cm pe toata marginea), se aranjeaza un rand de mango, unul de ananas, unul de kiwi si altul de branza.
3. Rulați strâns pentru a compacta orezul; Scoateți fața de masă cu grijă pentru a nu rupe rulada de sushi.
4. Tăiați felii de 1 cm grosime și puneți-le pe un platou. Repetați pașii până când terminați ingredientele.
5. Pentru a face sosul: amestecați pulpa de tamarind, chipotles, sosul de soia și lămâia; Se toarnă într-un recipient pentru fiecare diner de servit.

7. RETETA DE SUSHI DE FRUCTE DELICIOSA

INGREDIENTE

- 2 linguri otet de orez
- 1/2 lingurita de sare
- 1 lingura de zahar
- 1 cană de orez sushi
- 1 cană de apă
- 1 portocală în supremă
- 1 kiwi, feliat subțire
- 1/2 cană afine

PREGĂTIREA

1. Se amestecă oțetul cu sarea și zahărul.
2. Spălați orezul până când apa nu mai este tulbure. Scurge-l si pune-l intr-o oala cu

apa. Acoperiți și gătiți la foc mare; Când începe să fiarbă, reduceți focul la minim și fierbeți timp de 13 minute. Se răcește și se adaugă amestecul de oțet.

3. Se intinde pe o tava, se aplatizeaza usor la o grosime de doi centimetri odata rece. Se taie cubulețe și se decorează cu fructe. Serveste.

8. SUSHI CU DIFERITE AROMURI

INGREDIENTE

- 1 cană mare de orez sushi
- 1 cană de apă
- 75 ml oțet de orez
- 3 linguri de zahar
- Sare
- 2 foi de alge nori deshidratate
- 2 castraveți
- 1 avocado taiat felii
- 150 g somon, decongelat in prealabil
- 150 g crema de branza
- 1 mango
- 3 linguri de ghimbir murat

- 1/2 lingurita de wasabi

PREGĂTIREA

1. Clătiți orezul în apă rece și scurgeți-l. Se pune la fiert intr-o oala cu capac si, cand da in clocot, se reduce focul la minim 10 minute. Lasă-l să se odihnească încă cinci minute.
2. Se încălzește oțetul timp de 20 de secunde în cuptorul cu microunde și se dizolvă zahărul și sarea. Adăugați-l în orez, amestecați și acoperiți cu o cârpă umedă pentru a nu se usuca.
3. Curatati un castravete si taiati felii foarte subtiri cu un decojitor, iar celalalt fasii. Eliminați semințele. Tăiați avocado fâșii.
4. Așezați o foaie de alge marine, lăsând partea aspră în sus; Deasupra punem putin orez cu mainile umede si intindem de-a lungul foii de alge pentru a acoperi complet si la final susanul. Luați un capăt pentru a răsturna pe covorașul de bambus acoperit cu folie de plastic. Aranjați
Ingrediente pe lungime in centru si ruleaza cu grija apasand cu degetul pentru a forma

un cilindru, compacteaza bine cu mainile astfel incat sa fie strans si impartit in aproximativ opt bucati.

5. Dacă urmează să faceți rulouri acoperite cu mango, castraveți sau avocado, repetați aceeași operațiune și, când întoarceți algele acoperite cu orez, puneți mai întâi castravetele, mango sau avocado la suprafață și acoperiți mai întâi cu folie de plastic pentru a forma iar apoi covorașul să se apasă pe fiecare parte, dând o formă pătrată.

6. Ridicați covorașul și tăiați, apăsând cu folie de plastic, astfel încât capacul să nu se desprindă.

9. SUSHI DE CREVEȚI

INGREDIENTE

- 2 căni de orez sushi fiert și condimentat
- 12 creveți ieftini
- 1 avocado în cuburi mici
- 1/2 baton de crema de branza rupta in cuburi mici
- 1 castravete taiat cubulete
- Susan prajit
- 1/2 cană sos de soia
- 2 lămâi (sucul)
- 1 matriță pentru a face gheață

PREGĂTIREA

1. Lăcuiți găurile din matrița pentru gheață cu ulei vegetal și puțină apă. Cu ajutorul mâinilor umede, luați o porție mică de orez

și tapetați găurile din matriță astfel încât să existe o gaură în centru pentru a umple sushi-ul.
2. Umpleți cu creveți, cuburi de avocado, brânză și castraveți. Se orneaza cu seminte de susan. Desfaceți cuburile de sushi și serviți rece. Insotiti cu sos de soia amestecat cu suc de lamaie.

10. PLAT DE SUSHI

INGREDIENTE

- 2 căni de orez japonez
- 2 căni de apă
- 3 lingurițe de oțet de orez
- 1/2 lingurita de zahar
- 1 lingurita de sare
- 300 g ton proaspăt feliat
- 300 g somon proaspăt, feliat
- 1 castravete în felii subțiri
- 1 avocado, feliat
- 1 mango în felii subțiri
- 1/2 cană masago (ou de pește zburător)
- 2 ridichi, feliate subțiri
- 2 foi de alge nori
- 2 linguri wasabi
- 4 linguri de ghimbir murat

PREGĂTIREA

1. Clătește orezul până când apa nu mai iese tulbure, se scurge și se pune într-o oală cu apă. Acoperiți și gătiți la foc iute până când începe să fiarbă, apoi reduceți focul la mic și gătiți fără a deschide timp de 13 minute.
2. Se amestecă oțetul cu sarea și zahărul, se toarnă peste orez și se amestecă bine. Acoperiți cu o cârpă umedă și lăsați să se răcească la temperatura camerei.
3. Pregătiți o tavă de sushi: folosind o parte din pește ca sashimi, pregătiți niște bucăți sau nigiri făcând o crochetă de orez și așezând pe ea o felie de pește, precum și makis (sau rulouri). Pentru a pregăti un rulou, acoperiți o algă nori cu un pat subțire de orez, întoarceți și umpleți cu castraveți, avocado sau pește. Rulați și tăiați în bucăți de dimensiuni medii.

11. ROLA DE SUSHI DE LEGUME CU BRÂNZĂ

INGREDIENTE

- 4 foi de alge nori
- 2 căni de orez sushi la abur
- 1 morcov tăiat în julienne
- 1/2 castravete tăiat în julienne
- 1/2 avocado taiat fasii subtiri
- 1/2 baton de crema de branza taiata fasii subtiri
- 4 batoane de surimi tocate fin
- 1 lingurita ceapa chambray tocata marunt
- Cameră de soia ușoară și cu conținut scăzut de sodiu pentru a însoți
- Susan pentru garnitură
- 1/2 morcov tocat mărunt
- 2 lingurite maioneza

PREGĂTIREA

1. Așezați alga nori pe un covoraș pentru sushi. Apoi puneți o porție de orez și cu mâinile umede întindeți-o de-a lungul algei, încercând să lăsați un spațiu liber de orez pentru a sigila sushi-ul.
2. Pune niște batoane de brânză, morcov, castraveți și avocado la sfârșit, unde începe patul de orez. Cu ajutorul covorașului, întoarceți și rulați umplutura, încercând să o strângeți suficient pentru a o face compactă. Întoarceți-l complet și cu o perie umezită cu apă, sigilați rulada. Rezervare.
3. Repetați operațiunea până când terminați cu ingredientele.
4. Folosind un cuțit umed și ascuțit, tăiați fiecare dintre rulouri în 8 felii.
5. Pentru sosul Tampico, amestecați toate ingredientele până se integrează complet.
6. Serviți ruladele cu sos Tampico, sos de soia și semințe de susan pentru a decora.

12. SUSHI CREMA DE BRRANZA CU KIWI

INGREDIENTE

- 3 kiwi, curatati de coaja si feliati
- 190 g crema de branza, moale
- 1 lingura de zahar
- 1 cană de orez alb aburit

PREGĂTIREA

1. Se bate branza cu zaharul si se aseaza pe o bucata de plastic autoadeziv pentru a forma un dreptunghi de 10 x 15 cm si 1/2 cm grosime.
2. Distribuiți orezul și deasupra aranjați felii de kiwi; Cu ajutorul plasticului rulați brânza (apăsați pentru a o compacta); Dati la frigider pana in momentul servirii.
3. Scoateți rulada, îndepărtați cu grijă plasticul și tăiați-o felii.

13. SUSHI DE OREZ BRUN CU BRÂNZĂ DE CAPRĂ ȘI SPARANGEL

INGREDIENTE

- 4 alge marine pentru sushi
- 1 cană de orez brun fiert
- 1 lingura de otet de orez
- 1 praf de sare si zahar
- 8 sparanghel albit
- 1 baton de branza de capra maruntita
- 3 linguri de soia
- 1 lingura de suc de lamaie

PREGĂTIREA

1. Se amestecă oțetul cu sarea și zahărul. Adăugați orezul.
2. Acoperiți o parte a algei cu un pat subțire de orez, apoi puneți două sparanghel deasupra orezului și niște brânză de capră.
3. Așezați pe un makisu (covoraș de lemn japonez) și înfășurați făcând rulada; Apăsați ferm și tăiați în bucăți individuale cu ajutorul unui cuțit umed.
4. Se serveste cu sosul de soia si lamaie.

14. TORTA SUSHI CU SURIMI SI CREMA DE BRRANZA

INGREDIENTE

- 2 căni de orez japonez
- 2 cucharadas de mirin
- 2 linguri otet de orez
- 4 batoane de surimi tocat
- 1/2 pachet de crema de branza
- 1 avocado, feliat subțire
- 1 castravete, feliat subțire
- 3 cucharadas de furikake (condimento chino)
- Apa, necesarul

PREGĂTIREA

1. Spălați orezul până când observați că apa curge limpede. Puneți-l într-o oală cu 2 și 1/2 căni de apă.
2. Gatiti acoperit pana da in clocot. Reduceți căldura la minim și gătiți timp de 15 minute. Scoateți-l, odihniți-l 5 minute și adăugați mirinul.
3. Integrați surimi și brânza.
4. Aranjați un pat de orez într-un bol de sticlă. Întindeți surimi, puneți un alt pat de orez. Adaugati castravetele si feliile de avocado. Acoperiți cu mai mult orez și terminați prin întinderea furrikake.
5. Tăiați în porții individuale pentru a servi.

15. MAKI - SUSHI PENTRU ÎNCEPĂTORI ȘI CUNOSCĂTORI

Ingrediente pentru 2 portii

- 250 g orez, (orez sushi)
- 375 ml apă
- 1 lingura otet de orez
- ½ linguriță Mirin
- ½ lingurita zahar
- 1 lingurita sare
- Foi de 6 bucăți (e) Nori

- 250 g friptură (e) de somon, prăjită în tigaie timp de 8 minute pe ambele părți și tăiată fâșii
- 1 lingurita pasta de wasabi
- 6 cm Castraveți de salată, cu coajă, tăiați în fâșii subțiri
- ½ ardei roșu (i), tăiat în fâșii subțiri

Pregătirea

1. Spălați orezul într-o sită sub jet de apă până când apa care curge este limpede. Într-o cratiță, aduceți rapid orezul și apa la fiert, reduceți căldura semnificativ și gătiți orezul timp de 10-12 minute. Între timp, amestecați oțetul de orez cu mirin, zahărul și sarea într-un castron mic până când totul se dizolvă complet. Pune orezul într-un vas puțin adânc (fără metal!) Și las-o să se răcească timp de 10 minute. Adăugați soluția de oțet de orez și amestecați cu grijă cu o lingură de lemn. Se lasa sa se raceasca complet si se imparte in 6 portii egale.
2. Acum puneți o foaie de nori cu partea strălucitoare în jos pe un covor de bambus și întindeți 1 porție de orez subțire și uniform pe ea; Lăsați o margine de 1,5 cm la un capăt. În treimea din fața, folosiți un

mâner de linguriță pentru a face o brazdă în direcția de rulare și întindeți pasta de wasabi în ea. Ai grijă, wasabi este destul de fierbinte! Asezati apoi fasiile de somon prajit in brazda si asezati fasii de castraveti si/sau fasii de boia de ardei in spatele lor dupa dorinta. Umeziți capătul liber al foii de nori cu puțină apă. Acum ridicați puțin covorașul de bambus din față și ridicați foaia de nori în jurul umpluturii din față, aplicând o presiune ușoară. Continuați să ridicați covorașul de bambus în timp ce rulați rulada de sushi până când este complet închisă. Trebuie să exersați asta de câteva ori. Mie mi-a iesit destul de bine prima data!

3. La sfârșit sunt 6 rulouri drăguțe de sushi în fața ta, care așteaptă forma finală de maki. Acum este timpul să pregătiți mai întâi unealta, adică să faceți un cuțit bun ultra-ascuțit (!). Altfel, maki sushi arată mai mult ca anvelopele mașinii! Puneți câte o rolă de sushi pe o placă de lemn și tăiați curat capetele (rămășițele sunt pentru

bucătar!). Întotdeauna scufundați cuțitul în apă rece înainte de a tăia din nou! Împărțiți rulada de sushi în mijloc și tăiați fiecare jumătate în 4 maki sushi de aceeași dimensiune. Aranjați pe un platou mare, cu suprafața tăiată în sus. Răciți sushiul finit sau consumați-l imediat.
4. Puneti masa, pregatiti sosul sushi sashimi, pasta de wasabi si ghimbir murat si savurati bucata cu bucata!

16. VARIAȚIA SUSHI

Ingrediente pentru 4 portii

450 g orez (orez sushi) nefiert (gătit

Pregătire în specialul nostru de cunoștințe de bază)

- 1 avocado(i)
- 1 castravete
- 1 MAIONEZA
- 2 Susanul, prăjit
- 150 g somon
- 1 buc. Surimi (imitație de carne de crab)
- 6 Garnele (n)
- 150 g ton
- Pastă de wasabi (pastă de hrean japoneză picant)
- frunze de nori (frunze de alge)
- Ghimbir, murat (Gari)
- sos de soia
- Salată verde - frunze, de exemplu Lollo Rosso

Pregătirea

1. Puteți găsi preparatul de gătit pentru orez sushi "aici!"
2. Înainte de a începe, înfășurați covorașul pentru sushi cu folie alimentară pentru a menține covorașul curat și pentru a preveni lipirea orezului în spațiile dintre stâlpii subțiri de bambus.

Maki cu somon

1. Luați o foaie de nori și tăiați-o în jumătate cu un cuțit. Așezați frunza pe covorașul de bambus cu partea aspră în sus, astfel încât orezul să se lipească mai bine de ea. Acum umeziți ușor degetele într-un vas cu apă și întindeți mult orez răcit pe foaia de nori, astfel încât foaia de alge să fie acoperită cu orez, trebuie să rămână doar o margine liberă în partea de jos pentru a putea lipi rulada mai târziu. Acum tăiați somonul într-o formă de baston și puneți-l pe orez pe lungime. Ungeți somonul cu wasabi, dar doar subțire, pentru că wasabi este destul de fierbinte. Apoi umeziți marginea neacoperită a foii de nori și, începând din cealaltă parte, pliați în covorașul de bambus, astfel încât să se creeze o rolă. Dacă apăsați covorașul de bambus rulat de sus și laterale, obțineți o formă pătrată.

California Roll sau Inside-Out

2. Luați o jumătate de foaie de alge, așezați-o pe partea din față a covorașului și acoperiți partea aspră complet cu orez, presărați semințe de susan deasupra orezului. Luați partea liberă a covorașului

de bambus, bateți peste foaia de alge cu orezul, apăsați-o și întoarceți-o, așa că acum avem cealaltă parte a foii de alge în fața noastră, orezul este jos. Întindeți puțină maioneză pe lungime pe frunza de alge, puneți și surimi-ul pe lungime, tăiați castraveții și avocado în batoane și adăugați-le. Ungeți cu puțin wasabi și la final puneți puțin Lollo Rosso deasupra. Acum rulați totul cu ajutorul covorașului de bambus.

Nigiri cu ton și creveți

3. Pentru a face acest lucru, tăiați tonul în felii subțiri de mărimea unei mușcături și îndepărtați coaja de pe creveți. Ungeți ambele cu puțin wasabi. Umeziți-vă mâinile, luați niște orez și rulați-l într-o formă ovală pe dosul mâinii și apoi apăsați-l într-o formă de cutie. Pune pestele peste orez.
4. Numărul de nigiri în raport cu makis-urile depinde în întregime de preferințele dvs., dacă preferați makis, faceți doar mai multe rulouri de sushi. Aici, desigur, un

rulou poate fi și complet vegetarian, de exemplu doar cu avocado sau ciuperci shiitake sau, după propriul gust, variat și cu legume și pește. Desigur, puteți folosi și alte creaturi marine pentru nigiri, de exemplu somon, caracatiță, macrou, scoici etc. Luați în considerare în avans atunci când faceți cumpărături pentru a ajusta cantitatea de ingrediente marine la nevoile dumneavoastră. Și asigurați-vă că cumpărați întotdeauna pește proaspăt, cel mai bun lucru de făcut este să spuneți că doriți să faceți sushi.

5. Pentru a servi, tăiați rulourile în cca. 6 până la 8 bucăți, folosiți un cuțit ascuțit și umeziți ușor înainte de fiecare tăietură, astfel încât să aveți tăieturi curate și să nu aveți orez înțepenit nicăieri pe marginile ruloului. Aranjați bucățile cu nigiris pe o farfurie. Serviți ghimbirul murat și sosul de soia în boluri separate. Atât nigiri-urile, cât și makis-urile pot fi scufundate în sosul de soia, ceea ce îi conferă un plus de aromă, iar pasta de wasabi poate fi servită și separat. Ghimbirul servește la neutralizarea gustului dintre două mușcături diferite de

sushi, dar unii oameni îl mănâncă pur și simplu cu ele.
6. Distrați-vă „rulând" și bucurați-vă de masă!

17. OREZ SUSHI

Ingrediente pentru 4 portii

- 450 g orez, orez cu bob scurt din California
  (Nishiki)
- 600 ml apă
- De asemenea: (Pentru amestecul de condimente pentru orez sushi)
- 100 ml Travel ▢ 2 THE Zucker
- 1 TL sare

- 4 picături sos de soia

Pregătirea

1. Spălați bine orezul într-o sită până când apa curge limpede, apoi scurgeți bine.
2. Se pune orezul in tigaia cu cantitatea specificata de apa si se lasa sa se odihneasca cca.
   20 de minute.
3. Apoi închideți oala cu un capac bine potrivit și încălziți încet conținutul. Apoi dați focul la cel mai mare nivel și aduceți la fierbere.
4. Acum reveniți la setarea cea mai scăzută și lăsați orezul să se înmoaie timp de aproximativ 10 minute.
5. Luați oala de pe aragaz, puneți un prosop de bucătărie pliat sub capac și lăsați orezul să se umfle încă 10 minute.
6. Amestecați ingredientele de condimente într-o cratiță și încălziți până când zahărul și sarea s-au dizolvat complet.
7. Apoi turnați amestecul de condimente peste orez și amestecați. (Atenție, acum există și oțet de orez care este deja condimentat cu sare și zahăr, apoi pur și

simplu turnați oțetul „finisat" cu un strop de sos de soia peste orez!)

8. Lasă orezul să se răcească bine. Orezul poate fi apoi transformat în sushi. Dacă orezul urmează să fie prelucrat ulterior, este indicat să îl acoperiți cu o cârpă umedă pentru a preveni uscarea acestuia.

18. CALIFORNIA ROLL

Ingrediente pentru 1 porție

- 500 g orez, sushi gata
- 1 buc. cearșafuri Nori

- Maioneză
- 250 ml apă

Pentru umplutura:

- 1 buc. Surimi
- 1 avocado(e), tăiat în fâșii subțiri
- 1 Castraveți, tăiați în fâșii subțiri
- 50 g icre de pește muscă
- Susan, alb-negru
- sos de soia
- Ghimbir, murat

Pregătirea

1. Amesteca otetul de orez si apa intr-un castron mic.
2. Așezați un covor de bambus pe suprafața de lucru și înfășurați-l în folie alimentară. Îndoiți o foaie de nori în jumătate și despărțiți-o. Așezați foaia de nori înjumătățită pe covoraș.
3. Scufundați-vă mâinile în apă cu oțet pentru a preveni lipirea orezului de el. Luați o mână de orez și formați un bloc alungit.
4. Așezați orezul în mijlocul foii de nori și întindeți-o uniform peste el cu vârful degetelor. Ridicați foaia de nori acoperită cu orez și întoarceți-o rapid.

5. Așezați imitația de carne de crab și fâșiile de castraveți în mijlocul foii de nori, trageți o fâșie îngustă de maioneză, asezonată cu wasabi și puneți deasupra fâșiile de avocado.
6. Ridicați covorașul de bambus și țineți de umplutură dacă este necesar. Începeți să vă rostogoliți. Strângeți ușor rulada și dați-i o formă dreptunghiulară cu o presiune ușoară.
7. Desfășurați din nou covorașul. Întindeți icrele de pește pe rulada de sushi și apăsați ușor cu dosul lingurii. Întoarceți rulada pentru a acoperi și partea inferioară cu icre.
8. Înmuiați un prosop de ceai în apă cu oțet și ștergeți un cuțit ascuțit cu o cârpă umedă. Înjumătățiți rulourile cu cuțitul.
9. Umeziți din nou lama cu cârpa după fiecare tăietură. Puneți ambele jumătăți de rulou una în spatele celeilalte și tăiați de două ori astfel încât să se creeze 6 bucăți de dimensiune egală. Aranjați pe o farfurie și serviți cu sos de soia și ghimbir murat.

19. BOL DE SUSHI

ingrediente

- 80 g orez cu bob scurt
- 1/2 castravete
- 2 morcovi (mici)
- 1 foaie de nori (alge marine)
- 200 g păstăi edamame
- sare
- 150 g somon (calitate sushi, alternativ surimi)

- 1 avocado
- 1 catel de usturoi
- 1-2 linguri Gari (ghimbir murat)
- 3 linguri sos de soia
- 1 praf de pudra de wasabi (dupa dorinta)
- 2 linguri de preparat din seminte de susan

(luminoase si intunecate).

1. Pentru bolul pentru sushi, mai întâi aduceți orezul la fiert într-o cratiță cu 160 ml apă și acoperiți-l la foc mic pentru aproximativ 35 de minute. Apoi acoperiți și lăsați-l să se umfle pe plita oprită timp de 5-10 minute.
2. Curățați și spălați castraveții și tăiați-le în fâșii de mărimea unei mușcături. Curățați, curățați și tăiați morcovii în bucăți mici. Tăiați algele în fâșii fine, aproximativ o treime din ele în bucăți mici.
3. Clătiți edamame cu apă rece, fierbeți în apă clocotită cu sare timp de aproximativ 5 minute, scoateți cu o lingură cu șuruburi, lăsați să se răcească pentru scurt timp și tăiați sâmburii din păstăi. Pune semințele deoparte pe o farfurie.
4. Tăiați somonul în felii de mărimea unei mușcături cu un cuțit ascuțit. Tăiați

avocado în jumătate și îndepărtați sâmburele. Tăiați pulpa din piele în cuburi și îndepărtați-o de pe piele cu o lingură. Curata usturoiul, tai-l grosier si paseaza-l marunt cu gari, sosul de soia si, daca vrei, wasabi intr-un blender sau blender manual.

5. Pentru a servi, amestecați bucățile de alge cu orezul și împărțiți-le în două boluri. Deasupra se aseaza castravetele, morcovii, edamame, somonul si avocado, se orneaza cu fasii de alge marine si seminte de susan si se serveste imediat cu sosul stropit pe bolul de sushi.

20. SUSHI

Ingrediente pentru 6 portii

- 1 kg orez sushi
- 10 foi de Nori
- 200 g Somon, proaspăt
- 100 g Garnele (n)
- ½ castravete (i), cam de lungimea frunzelor de nori
- ½ avocado(i)
- 2 Morcov(i), cam de lungimea frunzelor de nori
- Susan
- Peste tot
- sos de soia
- Pulverul de wasabi

- Ghimbir murat
- zahăr

De asemenea: (pentru omleta japoneză)

- 1 lingurita sos de soia
- 2 lingurite peste tot
- catva zahar

Pregătirea

1. Mai întâi gătiți orezul sushi conform descrierea pachetului.
2. Între timp, încălziți 12 linguri de Mirin cu zahărul într-o cratiță până când zahărul s-a dizolvat. Apoi adăugați preparatul de mirin la orezul de sushi finit și amestecați. Lăsați orezul să se răcească.
3. Tăiați castravetele, morcovii și avocado în fâșii subțiri, adaptându-se la lungimea frunzelor de nori. Procedați la fel cu puțin din somon, tăiați cealaltă jumătate în bucăți mai late, scurte dar subțiri, acestea vor fi puse pe nigiri mai târziu. Fie tăiați creveții pe lungime, astfel încât să poată fi așezați plat pe nigiri, fie lăsați-i netunși.

4. Înfășurați covorașul de bambus cu folie alimentară pentru a preveni lipirea orezului între ele și puneți deasupra o foaie de nori. Am tăiat o treime din fiecare foaie de nori și am folosit această parte mai mică pentru rulourile din interior spre exterior, astfel încât maki-urile sunt și ele o dimensiune frumoasa. Când orezul s-a răcit, întindeți un strat de orez pe una dintre foile de nori, având grijă ca stratul să nu fie prea gros. Acum puneți fâșiile de pește, castraveți, morcov sau avocado alese la începutul ruloului și rulați rulada cu o presiune ușoară folosind covorașul pentru sushi.

5. Pune semințele de susan pe o farfurie mai mare. Pentru rulourile din interior spre exterior, pune orez direct pe covorașul acoperit cu folie alimentară. Puneți partea mai mică a frunzei de norbi deasupra și umpleți-o din nou cu fâșii de legume sau pește. Acum rulați cu covorașul și întoarceți rulada finită în semințe de susan.

6. Pentru nigiri, formați cantități mici de orez și acoperiți cu somon și creveți. Puteți să-l acoperiți și cu omletă. Pentru

omleta japoneza am batut 2 oua, 1 lingurita de sos de soia si 2 lingurite de mirin cu putin zahar si am lasat sa se intinda in tigaie la foc mic. Taiati apoi felii subtiri, late, pe care le puteti pune apoi pe nigiri. Aici am tăiat fâșii subțiri dintr-o foaie de nori, le-am înfășurat în jurul centrului nigiri-ului și le-am umezit puțin cu un amestec de apă și mirin.

7. Tăiați rulourile de sushi în bucăți mici și aranjați-le pe farfurii de servire cu nigiri. Amestecați pudra de wasabi cu apă sau folosiți pastă gata preparată. Puneți sosul de soia în boluri puțin adânci și serviți cu ghimbir murat.

21. FUTOMAKI, SUSHI CU SOMON Afumat SI CREMA DE BRRANZA

Timp 60 min.

Ingrediente pentru 2 portii

- 2 cani/n orez, (orez sushi)
- 3 cană/n apă
- 3 Oțetul de orez, (oțet de sushi)
- 2 foi de Nori
- 200 g somon, afumat
- ½ avocado(i)
- 6 betisoare Surimi
- 1 buc. cremă de brânză
- ceva Wasabipaste

Pregătirea

1. Folosește întotdeauna orez sushi adevărat (boabe scurte, groase, cum ar fi budinca de orez) de la magazinul din Asia.
2. Pentru 2 rulouri, aduceți la fiert scurt 2 căni de orez cu 3 căni de apă, apoi gătiți 5 minute la foc mediu și 10 minute la foc mic. Apoi opriți aragazul și lăsați orezul să se umfle încă 20 de minute cu capacul închis.
3. Punem orezul intr-un bol, adaugam 3-5 linguri de otet sushi (otet de orez amestecat cu zahar) si amestecam usor cu o lingura de lemn sau o spatula. Lasă-l să se răcească, slăbindu-l din când în când.
4. Pune un strat de orez sushi gătit (cca. 0,5 cm) pe o foaie de nori (alge marine prăjite).
5. Puneți deasupra orezului un strat de somon afumat disponibil în comerț, nu acoperiți complet orezul (200 g de somon afumat sunt suficiente pentru 2 rulouri „groase"). Întindeți wasabi pe orezul expus.
6. Pe somon se aseaza 2 balustrade din surimi (taiate in jumatate pe lungime in prealabil),

se umple spatiul (cca. 1 cm) cu crema de branza.
7. Asezati fasiile de avocado pe crema de branza si acoperiti totul cu un al doilea strat mai mic de somon afumat.
8. Înfășurați cu covorașul de bambus întins sub foaia de nori. Pentru a închide, țineți ruloul cu o mână, umeziți cealaltă mână și umeziți cusătura de pe foaia de nori cu vârful degetelor ude, apoi rulați-o și apăsați cusătura în jos pe blat timp de aproximativ 10 secunde cu o presiune ușoară, astfel încât două dintre ele se întâlnesc Conectați capetele foii de nori împreună, astfel încât rulada să nu se spargă când o tăiați.
9. Faceți același lucru cu cealaltă foaie de nori și cu restul de ingrediente. Tăiați rulourile în 5-6 bucăți fiecare.

22. ONIGIRI CU SOMON SI PUI

Ingrediente pentru 2 portii

- 2 cani/n orez (orez cu bob scurt)
- 100 g Somon, afumat sau foarte proaspăt
- 100 g file (e) de piept de pui
- 2 foi de Nori
- 3 Oțetul (sushi-zu), oțet de sushi gata preparat pentru condimentarea orezului
- Pastă de wasabi
- Sos de soia, pentru scufundare
- Maioneză
- Mix de condimente (furikake)

Pregătirea

1. Clătiți bine orezul cu bob scurt într-o sită până când apa curge limpede. Se pune intr-o cratita cu 4 cani de apa. Aduceți orezul la fiert la foc mare. De îndată ce spuma amenință să se ridice în oală, stingeți aragazul și lăsați orezul să se odihnească pe aragazul cald timp de 15 minute. Foarte important: Nu scoateți niciodată capacul în timp ce orezul se gătește și apoi se odihnește. Cel mai bun mod de a determina când se gătește orezul este să folosești o cratiță cu un capac de sticlă.
2. Se condimentează orezul fierbinte cu sushi și se lasă să se răcească.
3. Între timp, se taie fileul de piept de pui, se condimentează și se prăjește până când este gata. Tăiați cubulețe somonul. Tăiați fiecare foaie de nori în 5 fâșii de aceeași dimensiune.
4. Acum modelați orezul în bile. Cel mai simplu mod de a face acest lucru este cu o formă de onigiri, care este disponibilă în diferite forme și dimensiuni. Umpleți biluțele de orez în mijloc cu somon sau pui. Dacă doriți, adăugați o picătură de maioneză la umplutură.

5. Ungeți onigirile terminați cu puțină pastă de wasabi și înfășurați câte o fâșie de nori în jurul fiecăruia.

23. SALATA JAPONEZĂ DE ALGE MARINE

Ingrediente pentru 4 portii

- 1 pungă / n Wakame, alge marine uscate (56 grame într-o pungă)
- 3 linguri otet, (sushi, orez)
- 3 linguri ulei de lam ☐ 1 lingura suc de lime
- 1 lingura de ghimbir, proaspat ras
- 1 lingura zahar
- 1 deget / n Usturoi, presat

- 2 linguri de verdeață de coriandru, tocată mărunt
- ½ linguriță pudră de chili
- 1 lingura susan

Pregătirea

1. Se toarnă apă fierbinte pe alge și se lasă să se infuzeze timp de 10 minute.

Pregătiți sosul:

2. amestecați toate ingredientele (cu excepția algelor marine și a semințelor de susan) într-un castron mic până la omogenizare. Se condimenteaza dupa gust cu pudra de chilli, in functie de gradul de picant. 3. Scurgeți algele și stoarceți-o puțin. Acum pur și simplu pliați algele scurse în sos și presărați cu semințe de susan după cum doriți. Se lasa la infuzat aproximativ 1 ora, de preferat la frigider.
4. Salata wakame este, de asemenea, ușor de congelat în porții.
5. Îl mâncăm mereu cu sushi (sau acum doar pentru că suntem dependenți de el).

24. SOMON - SUSHI

Ingrediente pentru 1 porție

- 1 cană orez, (orez sushi)
- 200 g somon feliat (somon sălbatic, afumat)
- 200 g crema de branza, cu ierburi
- 1 buchet ridiche
- 1 lingura sos de soia, (light)
- 1 lingura zahar
- ½ linguriță sare ☐ Pentru set:
- Mărar - fanion
- Arpagic - tulpini

Pregătirea

1. Ingredientele sunt suficiente pentru 12 rulouri de somon.
2. Gătiți orezul conform Pregătirii de pe pachet, adăugați sarea, zahărul și sosul de soia și apoi lăsați deoparte.
3. Curățați, spălați și tocați mărunt ridichile.
4. Intindeti feliile de somon, usor suprapuse, pe o suprafata de lucru tapetata cu folie astfel incat un dreptunghi inchis de cca. Se creează 30 x 22 cm. Intinde apoi orezul, apoi crema de branza deasupra. Se împrăștie ridichile peste el și se rulează somonul strâns cu folie și se da la congelator pentru aproximativ 30 de minute.
5. Apoi scoateți, tăiați în cca. Felii late de 2 cm, se aranjează pe o farfurie/farfurie și se ornează cu steaguri de mărar și arpagic.

25. TAMAGOYAKI - OMLETĂ JAPONEZĂ

Ingrediente pentru 2 portii

- Al 4-lea ou (e)
- niște pudră de Dashi, dizolvată în 1 lingură de apă
- 2 lingurite de sos de soia
- 1 praf (s) sare
- catva zahar
- 1 lingurita Mirin
- ulei

Pregătirea

1. Se amestecă ouăle cu dashi, sos de soia, sare, zahăr și mirin (dacă nu există mirin, folosește mai mult zahăr). Oul nu trebuie să devină spumos.
2. Ungeți o tigaie, de preferință dreptunghiulară, cu ulei și căldură. Adăugați aproximativ 1/3 din amestecul de ouă în tigaie. Când oul este întărit, rulați-l cu grijă dintr-o parte spre centru. Frecați din nou partea expusă a tigaii cu ulei și adăugați o parte din amestecul de ouă. Când noul strat de ou s-a întărit, rulați-l din nou, de data aceasta din cealaltă parte a tigaii spre centru. Repetați pașii până când amestecul de ouă se epuizează.
3. Cand omleta este gata, o scoatem din tava si o lasam sa se raceasca.
4. Tăiați în fâșii pe partea îngustă și z. Folosește-l pentru nigiri sushi, de exemplu.

26. SUSHI LOW CARB

Ingrediente pentru 2 portii

- 200 g brânză feta
- 350 g cremă de brânză, mai granuloasă
- ½ castravete (substantiv)
- 150 g somon afumat
- 5 foi de Nori
- Sos de soia, dupa gust

Pregătirea

1. Se sfărâmă brânza feta și se amestecă cu grijă cu cremă de brânză granulată. Tăiați somonul afumat în fâșii. Curățați

castraveții, răzuiți interiorul cu o lingură și tăiați carnea fâșii lungi.
2. Asezati foaia de nori pe saltea si intindeti 2/3 din pasta de branza (nu prea groasa), asezati

o fâșie de somon afumat și castraveți și rulați-o ca un sushi normal. Lasam putin sa se odihneasca pentru ca frunzele de nori sa se poata umezi, apoi taiem rulouri lungi de 3-4 cm. Se serveste cu sos de soia.

27. ROLULE GROSE DE SUSHI

Ingrediente pentru 1 porție

- 500 g orez, sushi gata preparat
- 1 buc. cearșafuri Nori
- Pastă de wasabi
- Pentru umplutura:
- 2 Morcov(i), tăiat în fâșii subțiri
- 1 Castraveți, tăiați în fâșii subțiri
- 200 g Tăiați somonul sau tonul în bețișoare de mărimea unui baston
- 1 Ridiche(e), japoneză, murată

- 1 buc. Fasole, verdeata, tocata marunt si fierta la abur
- 1 avocado(e), tăiat în fâșii subțiri
- 1 pliculețe de tofu tăiate în fâșii de 1 cm grosime
- 2 linguri otet de orez
- 250 ml apă
- sos de soia
- Ghimbir, murat

Pregătirea

1. În funcție de gustul tău, alegeți umplutura și tăiați legumele în bețișoare groase de 1 cm și peștele în bucăți groase cât un creion.
2. Amesteca otetul de orez si apa intr-un castron mic.
3. Așezați un covor de bambus pe suprafața de lucru. Așezați o foaie de nori pe covorașul de bambus cu partea strălucitoare și netedă în jos.
4. Scufundați-vă mâinile în apă cu oțet pentru a preveni lipirea orezului de el. Luați o mână de orez și formați un bloc alungit.
5. Puneți 2 blocuri de orez în mijlocul foii de nori și distribuiți uniform deasupra cu

vârful degetelor. Lăsați o bandă de 4 cm lățime în partea de sus.

6. Ungeți orezul în mijloc cu puțină pastă de wasabi, nu exagerați, gustul wasabi nu trebuie să-l mascheze pe cel al Ingrediente.
7. Pune o fâșie de pește pe orezul acoperit cu wasabi. Încadrați ambele părți cu fâșii de legume.
8. Ridicați capătul din față al covorașului de bambus și începeți încet să-l rulați. Țineți umplutura pe loc cu degetul mijlociu, inelar și mic.
9. Rulați-o astfel încât capătul foii de nori să se întâlnească cu marginea orezului. Aplicați o presiune ușoară pentru a forma rola.
10. Acum iese cu ochiul doar banda nori gratuită. Modelați cu atenție rulada cu ambele mâini. Pune ruloul de sushi deoparte și modelează rulourile rămase.
11. Înmuiați un prosop de ceai în apă cu oțet și ștergeți un cuțit ascuțit cu o cârpă umedă. Înjumătățiți rulourile cu cuțitul.

12. Umeziți din nou lama cu cârpa după fiecare tăietură. Puneți ambele jumătăți de rulou una în spatele celeilalte și tăiați de două ori, astfel încât să obțineți 6 bucăți de aceeași dimensiune. Aranjați pe o farfurie și serviți cu sos de soia și ghimbir murat.

28. CALIFORNIA SE ROLĂȘTE ÎN INTERIOR - AFARA

Ingrediente pentru 12 portii

- 250 g Orez, orez sushi, gata preparat
- 2 foi de Nori
- 40 g surimi
- Castraveți de salată, 2 fâșii, tăiați pe lungime
- ½ avocado (e)

- 1 lingurita suc de lamaie
- 4 linguri de lam
- 1 lingura de hrean (smantana)

Pregătirea

1. Prăjiți semințele de susan într-o tigaie până devin aurii, lăsați să se răcească pe o farfurie plată. Se usucă batoanele de surimi și se taie în jumătate pe lungime. Se spala castravetele, se taie in jumatate pe lungime si se indeparteaza semintele cu o lingura, se taie 2 fasii de aprox. 0,5 cm latime. Curățați avocado,
tăiați pe lungime fâșii și stropiți imediat cu suc de lămâie.
2. Înfășurați complet covorașul pentru sushi cu folie alimentară. Puneți o foaie de nori pe ea cu partea netedă în jos și acoperiți-o complet cu jumătate de orez. Apăsați ușor orezul și apoi întoarceți foaia de nori, astfel încât orezul să se întindă pe folie alimentară.
3. Întindeți jumătate din hrean pe treimea inferioară a foii de nori, întindeți jumătate

din bețișoarele de surimi, bețișoarele de castraveți și avocado, rulați totul.
4. Modelați restul ingredientelor într-o a doua rolă. Tăiați rulourile în 6 bucăți fiecare și rulați fiecare bucată în semințe de susan prăjite.

29. SALATA DE SPANAC CU SOS DE SUSAN

Ingrediente pentru 2 portii

- 250 g spanac, proaspăt
- 1 lingura susan, prajit
- 1 lingura pasta de susan (tahini)
- 2 linguri Sos de soia, japonez
- 2 lingurițe de zahăr

- 1 lingurita de otet (ex. vechi maestru), sau mai bine mirin
- Apa (apa sarata)

Pregătirea

1. Spanacul se spana in apa cu sare si se clateste in apa rece, apoi se pune intr-o strecuratoare si, dupa ce s-a scurs, se stoarce mai mult lichid. Amesteca toate ingredientele rămase într-un bol. Amesteca spanacul cu dressingul.
2. Se servește ca garnitură pentru sushi în boluri mici și se stropește cu câteva semințe de susan suplimentare. Punctul culminant este cu siguranță tahini și nu poate fi înlocuit!

30. SUSHI - OREZ

Ingrediente pentru 4 portii

- 250 g orez (sushi - orez)
- 2 Oțetul (oțet de orez)
- 1 lingura, zahar nivelat
- 1 lingurita sare

Pregătirea

1. Clătiți orezul pentru sushi într-o sită sub jet de apă rece până când apa devine limpede și lăsați boabele să se scurgă bine.
2. Aduceți orezul la fiert cu 300 ml apă, fierbeți 2 minute, reduceți focul și acoperiți orezul la foc mic timp de 10 minute.

3. Scoateți capacul, puneți 2 straturi de hârtie de bucătărie între oală și capac și lăsați orezul să se răcească încă 10 până la 15 minute.
4. Între timp, aduceți la fiert oțetul de orez, sarea și zahărul și lăsați din nou să se răcească.
5. Se toarnă orezul într-un bol, se stropește peste el oțet picant și se lucrează cu o spatulă de lemn, dar nu se amestecă.
6. Acoperiți orezul cu o cârpă umedă până când sunteți gata să îl utilizați din nou.

31. TEMAKI SUSHI

Ingrediente pentru 1 porție

- 1 Port.Orez, sushi terminat
- cearșafuri Nori
- Wasabipaste ⬜ 2 Călătoria
- 250 ml apă

Pentru umplutura:

- 2 Morcov(i), tăiat în fâșii fine
- 1 Castraveți, tăiați în fâșii fine
- 200 g Somon, tăiat în fâșii subțiri
- 200 g ton, tăiat fâșii subțiri
- 1 buc. Surimi, tăiat în bețe scurte
- creson
- sos de soia

- Ghimbir murat

Pregătirea

1. Amesteca otetul si apa intr-un castron mic.
2. Tăiați o foaie de nori în jumătate.
3. Scufundați-vă mâinile în apă cu oțet, astfel încât orezul să nu se lipească de el.
4. Pune o lingură grămadă de orez sushi în jumătatea stângă a foii de alge. Intinde orezul si intinde deasupra putina pasta de wasabi.
5. Aranjați diferite umpluturi în diagonală deasupra orezului. Ar trebui să fie în fața colțului din stânga sus al foii de nori.
6. Îndoiți colțul din stânga jos în colțul din dreapta sus al foii de nori. Continuați să rulați foaia într-o pungă. Lipiți un bob de orez în colțul din dreapta jos și atașați colțul de pungă.
7. Aranjați mai multe pungi de sushi într-un pahar sau bol și serviți cu sos de soia și ghimbir murat.

32. SALATA SUSHI

Ingrediente pentru 2 portii

- 100 g orez sushi, trei
- 150 ml apă
- 25 ml călătorie
- 1 zahar
- sare
- 120 g creveți, prefierți
- 100 g Somon, crud, proaspăt sau congelat
- 1 castravete (substantiv)
- 3 frunze de nori (alge prăjite)
- 1 Ghimbir, murat, scurs
- 2 lime (substantiv)
- ½ lingurita pasta de wasabi
- 1 sos de soia
- 1 sos dulce chili

Pregătirea

1. Se spală orezul și se fierbe ușor într-o cratiță acoperită cu apă timp de 15 minute (adaugă apă dacă este necesar), se ia de pe foc și se lasă la macerat încă 30 de minute.
2. Se amestecă oțet de orez, 1 linguriță zahăr și 1/4 linguriță sare și se amestecă în orez.
3. Curățați castraveții și tăiați-i cu miezul în cuburi mici. Tăiați frunzele de nori în bucăți mici (cel mai bine cu foarfece de bucătărie). De asemenea, tăiați somonul în bucăți mici. Apoi amestecați cu grijă totul - inclusiv creveții și ghimbirul - cu orezul răcit.
4. Stoarceți limele. Amestecați wasabi, sucul de lămâie, sosul de soia și sosul dulce de chili și zahărul rămas și amestecați acest dressing cu salata. Se răcește din nou și se lasă să se infuzeze.
5. Nu depozitați salata pentru o lungă perioadă de timp, deoarece este inclus somonul crud.

33. SUSHI

Ingrediente pentru 5 portii

- 250 g orez (orez lipicios, orez sushi)
- 4 foi de nori
- 1 morcov(i), tăiat în fâșii subțiri
- 1 avocado (e), tăiat în fâșii subțiri
- 1 punct surimi
- Pește, proaspăt (de exemplu, ton, somon)
- Pastă de wasabi
- Ghimbir, murat
- ½ lingurita zahar
- 2 Oțet (oțet de orez)
- sos de soia

Pregătirea

1. Spălați bine orezul lipicios (orezul sushi) până când apa este limpede. Apoi gatiti ca de obicei
   (Pregătire pe pachet). Pune aproximativ o jumătate de linguriță de zahăr în două linguri de oțet și se încălzește. Amestecați încet oțetul cald în orezul încă cald, dar complet fiert. Cu cât orezul se răcește mai repede după aceea, cu atât mai bine se va lipi mai târziu.
2. Pentru Makisushi, așezați o foaie de nori pe un covor de bambus și întindeți subțire orezul lipicios pe ea, astfel încât aproximativ 3/4 din foaie să fie acoperită cu orez. Pune o fâșie subțire de morcov și avocado în centru. Apoi adăugați surimi sau peștele la alegere. Rulați totul și tăiați transversal de câteva ori.
3. Pentru nigirisushi, faceți grămezi mici de orez și puneți pestele deasupra ca un fileu mic. Dacă doriți, îl puteți lega și cu fâșii subțiri de nori.

4. Pune la frigider pana este gata de servire. Se serveste cu sos de soia, ghimbir murat si pasta de wasabi (atentie, wasabi este foarte fierbinte - se ia doar putin!).
5. Ceaiul de iasomie și biscuiții de creveți sunt o necesitate pentru o adevărată seară asiatică.

34. SUSHI BOWL ELA

Ingrediente pentru 4 portii

- 500 g orez sushi
- 50 ml vin de orez
- Al patrulea avocado (e)
- 1 castravete
- 1 conserve / n Ghimbir murat, aprox. 100 g
- 250 g Somon, afumat sau fiert
- 150 g Creveți, fierte

- 4-a foi de Nori
- O mână de susan
- maioneză
- Sos Sriracha

Pregătirea

1. Gatiti orezul sushi conform Preparatului de pe pachet cu apa si vinul de orez, apoi lasati-l sa se raceasca si sa se raceasca.
2. Tăiați avocado, castraveți, somon, creveți, ghimbir și frunze de nori în bucăți mici.
3. Pentru a servi, stropiți orezul cu sos de soia și ornat cu Ingredientele pregătite.
4. Amesteca un nou sos din maioneza si sosul sriracha si presara-l peste toate ingredientele. Se presara cu seminte de susan.

35. OREZ PENTRU SUSHI

Ingrediente pentru 1 porție

- 350 g orez, (orez lipicios asiatic pentru sushi)
- 675 ml apă
- 100 ml oțet, (oțet ușor de orez)
- 1 lingura zahar
- 1 lingurita sare

Pregătirea

1. Spălați orezul într-o sită până când apa curgătoare este limpede, apoi scurgeți bine și puneți apa într-o cratiță foarte mare. Se acopera si se lasa la macerat jumatate de ora fara a adauga caldura.

2. Aduceți orezul și apa la fiert la foc mare, de îndată ce apa clocotește, întoarceți-vă înapoi și lăsați orezul să continue să se umfle la setarea cea mai scăzută timp de 15-20 de minute. Apoi scoateți oala de pe plită, puneți mai multe foi de rulou de bucătărie între oală și capac și lăsați-o la macerat încă 10 minute.
3. Încinge oțetul, sarea și zahărul împreună într-o cratiță până când totul s-a dizolvat.
4. Pune orezul intr-un castron mare si stropeste-l cu amestecul de otet, amestecand cu miscari de taiere (ideal cu o lingura de lemn) pana cand tot amestecul de otet s-a incorporat si orezul s-a racit putin (amestecarea normala ar lipi orezul prematur - deci nu framanta!!!).
5. Orezul este acum gata pentru procesare ulterioară.

36. OREZ DE SUSHI

Ingrediente pentru 1 porție

- 250 g orez (orez sushi)
- 375 ml apă
- 3 linguri otet de orez
- 1 lingura Mirin
- 1 lingurita sare
- 2 lingurițe de zahăr din trestie

Pregătirea

1. Spălați orezul până când apele uzate sunt curate. Aduceți orezul la fiert cu 375 ml apă și acoperiți și lăsați la macerat timp de 15 minute la setarea cea mai mică. Se ia de pe foc si se lasa la macerat inca 15 minute.

2. Amestecați oțetul de orez, mirinul, sarea și zahărul din trestie într-o cratiță la foc mediu până când toate ingredientele s-au dizolvat, apoi lăsați să se răcească.
3. Se intinde lichidul peste orez, se acopera cu o carpa umeda si se pune la frigider. Când orezul s-a răcit, poate fi transformat în sushi.

37. GIMBIR MURAT (GARI)

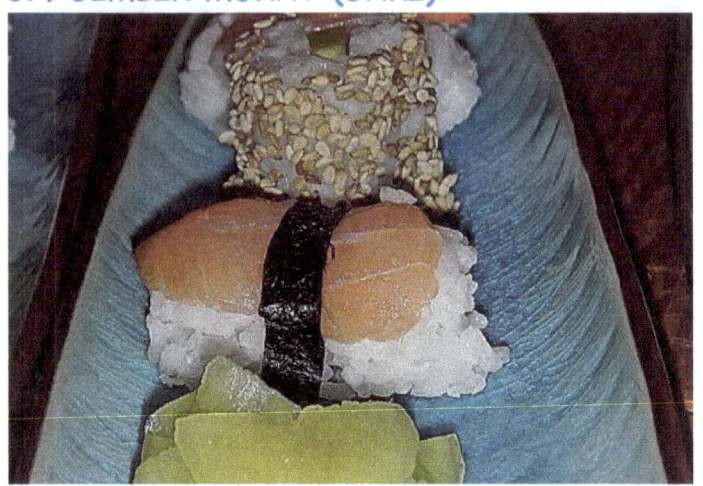

Ingrediente pentru 1 porție

- 1 praf (s) sare
- 100 g Ghimbir, mai proaspăt
- 75 ml oțet de orez
- 10 g zahăr sau la nevoie
- Apă, clocotită

Pregătirea

1. Curățați ghimbirul, tăiați-l în fâșii subțiri ca napolitană și fierbeți timp de cca. 2 minute in apa clocotita. Cu cât ghimbirul este fiert mai mult, cu atât își pierde mai mult căldura.

2. Se amestecă într-un castron zahărul, oțetul de orez și sarea până când zahărul și sarea s-au dizolvat. Umpleți ghimbirul cu lichidul într-un recipient, închideți ermetic și lăsați-l la frigider timp de 1 săptămână.
3. Ghimbirul este gata de mâncat când devine roz somon. Ghimbirul este fierbinte și nu dulce, dar poate fi adaptat la propriul gust adăugând zahăr și/sau timp de gătire.

38. ROLULE DE SUSHI SUBTIRI

Ingrediente pentru 1 porție

- 500 g orez, sushi gata preparat
- 1 cutie de pastă de wasabi
- 1 punct foi Nori

Pentru umplutura:

- 1 castravete
- 2 Morcov
- 200 g file (e) de somon, decojit
- 200 g file de pește (file de ton)
- 1 Ridiche(e), japoneză, murată
- 1 avocado (e)
- 2 linguri otet de orez
- 250 ml apă

- sos de soia
- Ghimbir, murat

Pregătirea

1. În funcție de gustul tău, alegeți umplutura și tăiați legumele în bețișoare groase de 1 cm și peștele în bucăți groase cât un creion.
2. Amesteca otetul de orez si apa intr-un castron mic.
3. Așezați un covor de bambus pe suprafața de lucru. Îndoiți o foaie de nori în jumătate și despărțiți-o. Puneți partea strălucitoare și netedă a frunzei de nori jumătate în jos pe covorașul de bambus.
4. Scufundați-vă mâinile în apă cu oțet pentru a preveni lipirea orezului de el. Luați o mână de orez și formați un bloc alungit.
5. Așezați orezul în mijlocul foii de nori și întindeți-o uniform peste el cu vârful degetelor. Lăsați o bandă de 1 cm lățime în partea de sus.
6. Ungeți orezul în mijloc cu puțină pastă de wasabi, nu exagerați, gustul wasabi nu

trebuie să îl mascheze pe cel al ingredientelor.

7. Puneți o fâșie de pește sau legume deasupra orezului acoperit cu wasabi. Ridicați capătul din față al covorașului de bambus și începeți încet să-l rulați.
8. Rulați-o astfel încât capătul foii de nori să se întâlnească cu marginea orezului. Aplicați o presiune ușoară pentru a forma rola.
9. Acum iese cu ochiul doar banda nori gratuită. Modelați cu atenție rulada cu ambele mâini. Pune rulul de sushi deoparte și modelează rulourile rămase.
10. Înmuiați un prosop de hârtie în apă cu oțet și ștergeți un cuțit ascuțit cu o cârpă umedă. Înjumătățiți rulourile cu cuțitul.
11. Umeziți din nou lama cu cârpa după fiecare tăietură. Puneți ambele jumătăți de rulou una în spatele celeilalte și tăiați de două ori, astfel încât să obțineți 6 bucăți de dimensiune egală. Aranjați pe o farfurie și serviți cu sos de soia și ghimbir murat.

39. SUSHI DIP - SUSHI SAUCE

Ingrediente pentru 1 porție

- 3 linguri Sos de soia, închis
- 3 linguri otet (otet sushi)
- 4 linguri de apă
- 1 lingura zahar
- 1 praf (s) sare
- 5 picături de ulei (ulei de susan)
- ardei roșu (i)

Pregătirea

1. Cu excepția ardeiului gras, puneți toate celelalte Ingrediente într-un recipient înalt și bateți. Se curata ardeiul, se taie cubulete foarte mici si se adauga. Se amestecă din nou și se lasă la infuzat câteva ore până când se mănâncă.

40. SUSHI CU TOFU

Ingrediente pentru 50 de portii

- 300 g tofu
- 200 g Tofu, condimentat
- 200 g orez (arborio)
- 100 g Lăstar(e) de bambus, încrustat
- 400 ml apă
- 200 ml otet de orez
- Foi de 10 bucăți (e) Nori

- 4 linguri sos psoy
- 4 linguri ulei de floarea soarelui

Pregătirea

1. Tăiați tofu-ul în felii alungite și prăjiți într-o tigaie cu ulei și sos de soia. Lasati sa se raceasca. Apoi încălziți scurt tofu condimentat în aceeași tigaie.
2. Lasam orezul sa fiarba cu apa pana cand apa se absoarbe (cca. 15 min.).
3. Răspândiți orez peste alge, astfel încât aproximativ 3/4 din frunză să fie acoperită. Puneți tofu și lăstarii de bambus. Rulați foile de alge cu ajutorul unui covoraș sau al unui prosop de bucătărie. Ungeți ultimul sfert cu oțet de orez și folosiți-l pentru a lipi ferm rulada.
4. Tăiați fiecare rulou în 5 bucăți.

41. INARI - SUSHI

Ingrediente pentru 4 portii

- 220 g orez, sushi
- 500 ml apă
- 2 linguri susan, japonez, alb
- 2 linguri otet de orez
- 1 lingura zahar
- 1 lingura Mirin
- 1 lingurita sare
- Al 12-lea pungi de tofu (pungi Inari) *

Pregătirea

1. Se spală orezul într-o sită sub jet de apă, se scurge bine. Aduceți apa și orezul la fiert. Reduceți focul și fierbeți fără capac timp de 4-5 minute până când apa se înmoaie. Se pune capacul si se lasa sa stea

inca 4-5 minute la foc mic, apoi se scoate aragazul si se lasa 10 minute sa se umfle in oala inchisa.

2. Prăjiți semințele de susan într-o tigaie uscată timp de 3-4 minute până când se rumenesc și amestecați cu grijă între ele; apoi scoate-l imediat.

3. Se amestecă oțetul, zahărul, mirinul și sarea și se adaugă la orez. Se amestecă cu o lingură de lemn până se răcește orezul.

4. Desprindeți cu grijă buzunarele Inari unul de celălalt și deschideți-le. Umpleți fiecare cu 1 lingură de orez. Presărați semințe de susan prăjite peste orez, apoi strângeți punga pentru a o închide. Aranjați pe un platou și serviți.

42. SUSHI LOW CARB

Ingredient pentru 3 portii

- 700 g conopida,
- 150 ml apă, rece
- 1 g gumă guar
- 2 linguri otet de orez
- Îndulcitor la alegere (de ex. 1 lingură Sukrin)
- sare
- 5 foi de nori

Pentru umplutura:

- Creveți și/sau avocado, somon, castraveți
- Pastă de wasabi

Pregătirea

1. Se spală conopida și se taie bucăți, se da pe răzătoare în robotul de bucătărie și se fierbe cu aproximativ $\frac{1}{4}$ l de apă timp de 5-10 minute. Se scurge printr-un prosop curat și se stoarce. Se amestecă 1 g gumă guar cu 150 ml apă rece. Puneți conopida înapoi în oală sau într-un bol și amestecați bine cu amestecul de Sukrin, oțet de orez, sare și apă de guar până se formează o pastă groasă.
2. Puneți frunze de nori pe covorașul de sushi, întindeți terci de conopidă la aproximativ $\frac{1}{2}$ cm grosime și apoi acoperiți cu z. B. Creveți, avocado, somon și castraveți, ungeți cu puțină pastă de wasabi și apoi rulați, apăsați bine, lăsați să stea puțin și apoi tăiați în bucăți cu un cuțit umed și ascuțit.
3. Se serveste cu sos de soia si pasta de wasabi.

43. BILUTE DE SUSHI

Ingrediente pentru 1 porție

- 1 Port.Orez, sushi terminat
- Pastă de wasabi
- 200 g Somon, afumat, tăiat în bucăți de mărimea unei timbre poștale
- 50 g icre de pește muscă
- 1 castravete murat, feliat subțire
- 100 g Roast beef, tăiat în felii subțiri de mărimea unei timbre poștale
- 100 g ton tăiat în bucăți de mărimea poștale
- 1 Ridiche(e), japoneză, murată, tăiată în bucăți de mărimea timbrelor poștale

Pregătirea

1. Reduceți la jumătate cantitatea de orez. Întindeți o bucată de folie alimentară de aproximativ 10x10 cm pe suprafața de lucru și puneți în mijloc o bucată de somon afumat. Întindeți puțin wasabi pe somon. Modelați 1 lingură de orez sushi într-o bilă liberă și puneți-o deasupra.
2. Ridicați și răsuciți toate cele 4 colțuri ale foliei alimentare pentru a comprima peștele și orezul într-o minge fermă. Faceți același lucru cu feliile de castraveți.
3. Pentru biluțele de creveți, puneți un creveți în mijlocul foliei alimentare și puneți niște icre de pește zburător în cot. Se mai modelează o lingură de orez într-o bilă liberă, se așează pe creveți și se formează o bilă fermă cu folie.
4. Bilele finite pot fi păstrate în folie alimentară până chiar înainte de servire.
5. Aranjați pe o farfurie și serviți cu sos de soia și ghimbir murat.

44. SUSHI DULCE

Ingrediente pentru 2 portii

- 1 morcov (i)
- 2 mere
- 250 g căpșuni
- 100 g Fistic, măcinat fin
- 1 mango(i)
- 1 Stange/n Lauch
- 250 g orez pentru sushi
- 1 litru de lapte
- 100 g Zucker
- 1 pastaie de vanilie
- 1 portocală (e), coaja rasă a acesteia
- 1 Lămâie (e), coaja ei rasă
- 4 foi de Nori

- 250 ml sirop de artar
- 20 g smântână proaspătă
- 40 g Zucker
- Ghimbir, confiat, pentru decor

Pregătirea

1. Mai întâi aduceți orezul la fiert cu laptele, păstaia de vanilie, zahărul, coaja de portocală și coaja de lămâie. Se acoperă și se lasă la macerat pe marginea focarului aproximativ ½ oră. Se întinde pe o tavă mare pentru a se răci și a se răci.
2. Acum pregătiți diferite rulouri, după cum urmează:
3. Maki cu morcov și mere (2 rulouri)
4. Morcovul se curata de coaja, se rade marunt, se adauga putin zahar si se stropeste cu putina zeama de lamaie. Merele se curata de coaja, se taie in batoane dreptunghiulare de aceeasi dimensiune si se acidulează usor cu zeama de lamaie. Acoperiți o covorașă de bambus cu orez, puneți deasupra o foaie de nori și apăsați puțin.

5. Întindeți orezul pe frunza de alge și aliniați bețișoarele de mere la 2 cm de marginea inferioară, paralele cu marginea. Rulați strâns rulada de sushi, slăbind orezul de pe covoraș. Apoi rostogoliți în raspurile pentru morcovi.
6. Maki cu căpșuni și fistic (2 rulouri)
7. După cum este descris mai sus, folosiți numai căpșuni în loc de mere și 100 g fistic în loc de morcovi.

8. Nigiri cu mango și praz dulce (8 bucăți)
9. Tăiați 8 came de orez și modelați cu mâna. Curățați mango și tăiați bucăți cât mai mari. Tăiați 8 felii la dimensiunea camelor de orez și puneți-le pe came de orez. Spălați 2 frunze mari de praz, opăriți-le pentru scurt timp în apă clocotită foarte dulce și clătiți cu apă cu gheață. Tăiați fâșii verzi fine și înfășurați sushi-ul cu ele.

Crema de fistic:

1. piure fistic, crema frage și zahăr într-un blender.
2. Aranjați rulourile de sushi pe farfurii și decorați cu ghimbir confiat. Se serveste cu sirop de artar si crema de fistic.

45. SUSHI CU DIFERENTA - DULCE CA DESERTUL

Ingrediente pentru 6 portii

- 200 g budincă de orez
- 1 litru de lapte
- 1 priză (e) de sare
- ZAHĂR
- 1 pastaie de vanilie
- 100 g nucă de cocos deshidratată
- 1 mango (e), copt
- 200 g căpșuni
- 8 kiwi (i)
- Fructe pentru decor

Pregătirea

1. Pregătiți mai întâi budinca de orez conform Pregătirii de pe pachet cu zahăr, sare, lapte și pulpă de vanilie răzuită; ar trebui să fie lipicios și nu prea ferm. În timp ce budinca de orez se gătește, prăjiți nuca de cocos deshidratată într-o tigaie la foc mediu, fără grăsime, până devine parfumată și aurie.
2. Apoi spălați și tăiați fructele. Capsunile se taie in felii subtiri. 6 kiwi și trei sferturi din mango sunt de asemenea tăiate în felii subțiri. Camele de budincă de orez vor fi acoperite ulterior cu acest fruct.
3. Mango-ul rămas și kiwi-ul rămas sunt tăiați longitudinal, astfel încât să se creeze fâșii groase, cât mai lungi. Acestea sunt ulterior folosite pentru a umple rulourile de sushi.
4. Budinca de orez este cel mai bine modelată când este încă caldă, așa că lăsați-o să se răcească doar pentru scurt timp până este ușor de atins. Mai întâi acoperiți un covoraș de sushi (funcționează fără el, dar este puțin mai complicat atunci) cu folie

alimentară și presărați gros cu fulgii de cocos prăjiți sub formă de dreptunghi. Latime aproximativ 10 cm, lungime dupa preferinta si lungimea covorasului sushi. Întindeți cu grijă budinca de orez pe ea cu ajutorul unui cuțit. Fâșiile de kiwi și mango se pun acum în mijlocul budincii de orez, apoi rulada se rulează cu grijă folosind covorașul și folie alimentară. Ar trebui să apăsați bine totul. Faceți 2 rulouri în acest fel. Acum puneți rulourile la frigider și lăsați-le să se întărească.

5. Se modelează restul budincii de orez în găluște cu ajutorul a două linguri și se aranjează pe un platou. Acoperiți camele cu feliile de căpșuni, kiwi și mango.
6. Scoateți rulourile de sushi din frigider și tăiați-le cu grijă în felii cu un cuțit ascuțit și aranjați-le și pe platouri 7. Acum puteți decora cu mai multe fructe.

    Physalis, curki sau ananas sunt ideale.
8. Servim un sirop de ciocolată de casă cu sushi dulce, are un gust foarte bun și amintește de sosul de soia.

9. Acest desert este cu adevărat atrăgător și are un gust foarte bun. Rulatul este cam complicat la început, ai nevoie de puțină răbdare, dar rezultatul merită.

46. SUSHI

Ingrediente pentru 2 portii

- 1 cană/n orez (orez sushi)
- Hrean (wasabi)
- cearșafuri Nori
- 2 morcov (i)
- 100 g de carne de raci
- 100 g creveți
- Somon, murat
- sos de soia
- Ghimbir, murat
- 2 ceapa (e) primavara

Pregătirea

1. Înainte să fac sushi pentru prima dată, m-am gândit că va fi super dificil. Dar nu este. Așa că îndrăznește să o faci.
2. Toate ingredientele sunt disponibile în magazinul din Asia și costă în jur de 15 euro. Dar Ingredientele sunt suficiente pentru mai multe seri de sushi.
3. Mod de preparare: Se pune orezul de sushi in apa pentru aproximativ 15 minute si apoi se lasa sa fiarba. O cană de orez necesită aproximativ 1,5 căni de apă. Precise Pregătire sunt, de asemenea, pe pachetul de orez.
4. Creveții pot fi pregătiți acum folosind un aragaz cu aburi și o opărire scurtă. Curata morcovii si taiati fasii subtiri. La fel si ceapa primavara.
5. Acum puneți una dintre foile de nori pe un prosop de bucătărie și aplicați orezul, care s-a răcit între timp, la 1 cm distanță de margine. Nu prea gros, dar acoperiți foaia uniform. Acum întindeți puțin din wasabi deasupra. Prudență! Chestiile alea sunt

picante. Apoi distribuiți creveții aproximativ în mijloc și paralel cu marginea inferioară a foii de nori. Dacă este necesar, adăugați și fâșii de ceapă primăvară și morcov în mijloc.

6. Umeziți marginea expusă și înfășurați o rolă cu un prosop de bucătărie. Apăsați ferm... Gata! .... Se pune rulada la frigider si se taie felii chiar inainte de servire.
7. Se servesc cu el un bol cu sos de soia si ghimbirul murat.
8. Faceți același lucru pentru carnea de crab și somon.
9. Vă doresc multă distracție cu Preparatul și și mai multă distracție și distracție cu consumul.

47. NIGIRI - SUSHI CU CREVETI

Ingrediente pentru 4 portii

- Orez (orez sushi), reteta in profilul meu, jumatate
- 8 Creveți (creveți) - cozi, crude, nedecojite
- 2 TL Hrean (pudră de wasabi) și 4 linguri de apă
- 2 Oțetul (oțet de orez)
- 2 TL vin de orez (Mirin)
- sare
- sos de soia

- Ghimbir murat

Pregătirea

1. Spălați cozile de creveți și gătiți-le în apă clocotită cu sare la foc mic timp de 4 până la 5 minute. Scoateți și răciți în apă cu gheață.
2. Se amestecă pudra de wasabi cu 2-4 linguri de apă și se lasă să se umfle. Scoateți creveții din coji, cu excepția segmentului de coadă. Scoateți intestinul întunecat din spate. Deschis din partea burticii, dar nu până la capăt. Acestea ar trebui să fie conectate la aproximativ 1 cm pe ambele părți.
3. Amesteca otetul de orez si vinul de orez intr-o farfurie adanca, intoarcem crevetii in el si lasam sa stea 2 minute. Ridicați, tamponați ușor și îndoiți cele două jumătăți într-un inel. Acoperiți interiorul cu un strat subțire de pastă de wasabi.
4. Cu mâinile umezite, modelați 1 lingură de orez sushi într-o găluște alungită și aplatizați ușor blatul. Puneți creveții pe

pernele de orez și apăsați ușor. Apăsați pe sushi cu creveții.
5. Serviți cu sos de soia, restul de pastă de wasabi pentru înmuiere și ghimbir murat.

48. GARI - GIMBIR MURAT

Ingrediente pentru 10 portii

- 250 g rădăcină de ghimbir, proaspătă
- sare
- 100 ml oțet de orez, (alternativ oțet de prune)
- 5 linguri de zahăr, (10 până la 30 g)

- 2 linguriMirin (vin dulce de orez), nu este obligatoriu
- 2 linguri Sake (vin de orez), neobligatoriu, înlocuitor: sherry uscat

Pregătirea

1. Spălați rădăcinile de ghimbir și îndepărtați cu grijă coaja cu o cârpă. Frecarea se poate face foarte bine și cu o linguriță. Tăiați sau feliați rădăcinile cât mai subțiri posibil peste bob. Sărați feliile și lăsați să stea aproximativ o oră (chiar o zi sau mai mult), apoi se usucă. Albește feliile în apă (1-3 min), asta elimină o parte din căldură.
2. Apoi scurgeți feliile și puneți-le lejer în borcane curate cu capac cu șurub. În cratița încă caldă, aduceți oțetul de orez la fiert împreună cu zahărul, dizolvând zahărul. Apoi turnați marinada fierbinte pe feliile de ghimbir, închideți borcanele și întoarceți-le la răcit.
3. Lăsați-l la infuzat cel puțin peste noapte, mai degrabă.
4. În decurs de o săptămână, ghimbirul va deveni ușor roz. Aceasta este dovada calității unui oțet bun de orez.

Prospețimea ghimbirului are, de asemenea, un efect pozitiv asupra schimbării culorii. Culoarea roz devine mai intensă pe măsură ce se coace. E124 (colorant alimentar roșu cocenială A) sau sucul de sfeclă roșie este adesea adăugat industrial. Apoi rozul devine mai intens decât cu decolorarea independentă, care însă îmi place mai mult.
5. Gari trebuie consumat între diferitele tipuri de sushi pentru a neutraliza gustul.
6. După cum puteți vedea, există un număr mare de variații în rețetele de gari. Mai presus de toate, cantitatea de zahăr și sare poate fi variată în funcție de gustul personal. Și mirinul și sakeul nu sunt în niciun caz obligatorii.

49. NIGIRI SUSHI

Ingrediente pentru 1 porție

- 1 port. Orez, sushi gata
- Pastă de wasabi
- 200 g Somon, tăiat în fâșii subțiri
- 200 g ton, tăiat fâșii subțiri
- 1 macrou (e), tăiat în fâșii subțiri
- 1 Ridiche(e), japoneză, murată
- Otet de orez
- apă
- sos de soia
- Ghimbir, murat

Pregătirea

1. Amesteca otetul si apa intr-un castron mic si scufunda-ti mainile in el pentru a preveni lipirea orezului de ele.
2. Rulați o cantitate de orez de mărimea unui ou între palmele mâinilor, astfel încât să formeze un oval. Puneți pe suprafața de lucru și faceți mai multe astfel de bile de orez. Asezati toppingurile in fata bilutelor de orez si intindeti putina pasta de wasabi pe fiecare bila de orez.
3. Puneți toppingul pe ovalele de orez și apăsați ușor.
4. Aranjați pe o farfurie și serviți cu sos de soia și ghimbir murat.

50. SUSHI ROLATE (MAKIZUSHI)

Ingrediente pentru 4 portii

- 3 cani / n orez cu bob scurt
- 0,33 cană/n oțet de orez
- 3 linguri de zahăr
- 1 lingurita Sare, vopsita
- 8 ciuperci shiitake, uscate, pentru umplutură ▯ 0,33 cană/n apă (apă de înmuiat shiitake)
- 0,67 cană/n Dashi (1 vârf de stoc de pește instant dizolvat în 0,66 căni de apă)
- 1 ½ linguriță zahăr
- ½ linguriță Sake (vin de orez japonez) sau vin alb
- 1 lingura sos de soia
- 3 ou (e)
- 1 lingurita zahar

- 1 lingură Sake (vin de orez japonez) sau vin alb
- 1 praf (s) sare
- Ulei, pentru prajit
- 100 g frunze de spanac
- A 4-a frunze de Nori (frunze de alge marine)
- Sos de soia pentru scufundare

Pregătirea

1. Fierbeți orezul și puneți-l într-un castron (de preferință un castron din lemn netratat care poate absorbi excesul de apă).
2. În timp ce orezul se gătește, amestecați dressingul cu oțet (oțet, zahăr, sare) până când zahărul s-a dizolvat. Cel mai bine este să-l încălziți pentru scurt timp.
3. Se toarnă dressingul cu oțet peste orez și se amestecă bine cu o lingură de lemn. Apoi lăsați-l să se răcească.
4. Înmuiați ciupercile shiitake într-un castron cu apă călduță timp de aproximativ 20 de minute. Scurgeți apa de înmuiat și

păstrați. Tăiați ciupercile în fâșii de 7 - 8 mm lățime.

5. Fierbeți ciupercile împreună cu ingredientele apă și sosul de soia într-o cratiță mică și fierbeți la foc mic până când excesul de lichid s-a evaporat.
6. Batem cele 3 oua, batem impreuna cu ingredientele de la zahar la sare si strecuram printr-o strecuratoare de ceai. Încinge puțin ulei într-o tigaie și coace o clătită groasă din tot aluatul (!). Se lasa sa se raceasca si se taie fasii de aprox. 1 cm lungime.
7. Albește frunzele de spanac, clătește cu apă rece și stoarce bine (!).
8. Puneți partea netedă de nori în jos pe un covor de bambus. Întindeți aproximativ un sfert din orezul pentru sushi uniform pe el, cu mâinile umede. Lăsați aprox. 1 cm din foaia de nori liber in fata.
9. Întindeți un sfert din spanac, fâșiile de înghețată și ciupercile pe mijlocul foii de nori.
10. Folosește covorașul de bambus pentru a forma o rolă solidă. Apoi apăsați-l cu degetele și modelați-l.

11. Procedați la fel cu restul Ingredientelor. Tăiați fiecare dintre cele 4 rulouri de sushi în aproximativ 8 felii.
12. Scufundați în sos de soia înainte de consum.

51. CASTRAVETE - SUSHI

Ingrediente pentru 2 portii

- 1 castravete (unul cât mai drept posibil)
- 75 g orez (sushi sau budincă de orez)
- 2 Oțetul (oțet de orez)
- ½ TL sare
- n. B. Pastă de wasabi sau hrean
- 100 g somon, afumat
- 15 g caviar
- creson
- Zucker
- 200 ml apă, sărată

Pregătirea

1. Spălați orezul în apă rece din nou și din nou până când apa rămâne în mare măsură

limpede. Se aduce apoi la fiert în 150 ml - 200 ml apă cu sare, apoi se fierbe la foc mic cu capacul închis pentru aproximativ 10-15 minute.
2. Se condimentează orezul cald cu oțet de orez, sare și zahăr și se lasă să se răcească. Pentru sushi cald, folosiți imediat orezul, fără a-l lăsa să se răcească.
3. Spălați și curățați castraveții. Tăiați în jumătate pe lungime și răzuiți miezul cu o linguriță. Ungeți interiorul castraveților cu pastă de wasabi sau hrean, apoi adăugați orezul la jumătățile de castraveți. Tăiați totul în diamante de aproximativ 2-3 cm. Se pune putin somon afumat sau un praf de caviar pe fiecare parte si se serveste ornat cu creson.
4. Pregătiți sos de soia și pastă suplimentară de wasabi sau hrean pentru înmuiere.
5. Foarte potrivit ca prânz ușor, aperitiv sau gustare de petrecere.

52. OSHI --SUSHI

ingrediente pentru 8 portii

- 400 g orez (orez sushi), gata preparat (vezi reteta de baza)
- ¼ Castraveți de salată, tăiați pe lungime
- 8 Creveți fără cap cu coajă
- 4 Sake
- 1 TL Wasabipaste
- sare

Pregătirea

1. Tapetați o cutie cu folie alimentară.
2. Se spală și se usucă creveții, se fixează pe lungime cu un ac de rulada. Aduceți puțină apă cu sare cu sake la fiert într-o cratiță. Opriți plita și lăsați creveții să se înfunde în supă până devin roșii. Curățați și tăiați

creveții la jumătate și îndepărtați intestinele.
3. Se spală castravetele și se taie pe jumătate pe lungime. Scoateți semințele și uscați jumătățile de castraveți. Tăiați 5 benzi de aprox. 0,5 cm latime care sunt la fel de lungi ca forma. Stropiți castraveții cu puțină sare de mare, lăsați-l la infuzat aproximativ 30 de minute și uscați din nou.
4. Întindeți puțină pastă de wasabi pe interiorul alb al creveților și așezați-i unul lângă altul pe fundul vasului astfel încât pielea exterioară roșie să se odihnească pe folie alimentară, acoperiți cu jumătate din orezul sushi. Asezati fasiile de castraveti pe orez, presati usor si acoperiti cu orezul ramas. Înfășurați folie alimentară peste orez, astfel încât totul să fie acoperit. Acoperiți cu o a doua formă, un capac sau ceva asemănător, apăsați cu grijă și cântăriți uniform cu o greutate, astfel încât sushi-ul Oshi să fie apăsat uniform.
5. După 30-40 de minute, întoarce sushi-ul Oshi din formă pe o placă. Scoateți cu

grijă folia alimentară și tăiați sushi-ul Oshi în 8 părți cu un cuțit ascuțit.
6. Rețeta este potrivită în special pentru prietenii sushi care nu au încredere în abilitățile manuale ale metodei „tradiționale" de Preparare.

53. ROLA DE SOMON CALIFORNIA

ingrediente pentru 4 portii

- 300 g orez, (orez sushi)
- 60 ml călătorie
- 2 zaharuri
- 1 lingurita sare
- 4 Vin de prune
- 2 foi de nori ◻ ½ castravete
- ½ avocado (e)

- 8 bucăți (e) surimi
- 300 g Somon, afumat sau foarte proaspăt somon norvegian
- 4 Caviar, (caviar de păstrăv)
- 4 maioneză (de preferință de casă)
- 2 sos de soia
- 4 Pătrunjel, tocat mărunt
- Piper roșu
- Pastă de wasabi

Pregătirea

1. Clătiți bine orezul pentru sushi cu apă rece într-o sită și lăsați-l să se scurgă aproximativ 30 de minute. Se pune orezul la fiert intr-o cratita cu 450 ml apa rece si sare la foc mediu, se fierbe neacoperit aproximativ 1 minut si se lasa sa se umfle la foc mic aproximativ 15 minute.
2. Se amestecă oțetul de orez cu zahărul, sarea și vinul de prune și se amestecă în orezul cald cu o spatulă. Făcând acest lucru, treceți spatula alternativ pe lungime și peste orez, astfel încât orezul să fie tăiat mai degrabă decât amestecat (acest

lucru îl menține mai granulat). Lasă orezul să se răcească.
3. Înjumătățiți frunzele de nori pe lungime, împărțiți orezul între cele patru frunze și ungeți ușor cu wasabi. Tăiați castravetele și avocado în fâșii și puneți deasupra, puneți carnea de crab
deasupra și rulați frunzele cu ajutorul unui covoraș de bambus.
4. Tăiați somonul în felii fine și subțiri și acoperiți rulada cu el, modelați cu covorașul de sushi. Asezonați somonul cu piper cayenne. Înveliți rulourile în folie alimentară și puneți-le la frigider pentru aproximativ 1 oră.
5. Apoi tăiați bucăți cu un cuțit ascuțit, pe care le tot scufundați în apă rece.
6. Amestecați maioneza cu sosul de soia, pătrunjelul și caviarul și serviți ca o baie.

54. SUSHI CU ZMEURE ÎN ACOPERIRE DE NUCI

ingrediente pentru 1 porție

- 250 g Reis (Sushireis)
- 100 ml lapte
- 250 ml apă
- 4 linguri de miere
- 100 g Arahide, nesarate, tocate marunt
- 100 g Zmeură
- Zahăr pudră pentru stropire
- Compot la alegere

Pregătirea

1. Spălați orezul cu apă rece. Se pune apoi intr-o cratita cu laptele si apa cca 20 de minute si aducem la fiert. Apoi se acopera si se lasa la macerat aproximativ 15 minute.
2. Indulcim orezul cu miere si impartim in 2 portii. Acoperiți un covor de sushi cu folie alimentară. Presărați aproximativ două treimi din suprafață cu jumătate din alunele tocate. Se intinde pe ea o portie de orez cat un deget, se apasa ferm si se face un godeu la mijlocul lungimii. Pune jumatate din zmeura in el. Folosiți covorașul pentru a rula orezul într-o rolă fermă.
3. Pregătiți un al doilea rulou din orezul, alunele și zmeura rămase. Răciți rulourile învelite în folie alimentară pentru cca. 2 ore.
4. Tăiați fiecare rulou în 6 bucăți (funcționează cel mai bine dacă lăsați orezul în folie alimentară, altfel se va dezintegra ușor - îndepărtați folia alimentară abia după aceea).
5. Se presară cu zahăr pudră și se servește cu compot.

55. ROLULE MARI CROMANTE

ingrediente pentru 2 portii

- 1 somon, crud
- 2 Morcov
- 1 castravete
- 1 avocado(i)
- ceva Philadelphia
- 4 foi de Nori
- Orez (orez sushi)
- 1 proteină
- nişte Basketmehl
- Grasime pentru tigaie

Pregătirea

1. Gătiți orezul pentru sushi ca de obicei (dacă este necesar, luați rețeta din baza de date). Curata morcovii si taiati in sferturi pe lungime. Tăiați castravetele în fâșii de 1 - 1 1/2 cm lățime. Soteti scurt fasiile de morcov si castraveti in tigaie cu putina apa, zaharul si sare, apoi lasati sa se raceasca. Tăiați somonul pe lungime în fâșii la fel ca avocado.
2. Acum acoperiți foaia de nori cu orez sushi. Puneți ingredientele pentru umplutură în prima treime și întindeți o parte din cremă de brânză pe lungime (de preferință de-a lungul somonului). Acum ungeți rulada de sushi încă netăiată cu puțin albuș de ou bătut și rulați prin pesmet. Se prajesc imediat maro intr-o tigaie incinsa cu putina (!) Grasime (nu prea mult ca sa nu se gateasca pestele, chiar merge foarte repede)
3. Se tamponează un prosop de hârtie și se taie în felii. Are un gust deosebit de bun cu sos de soia, ghimbir murat și sos chili thailandez! Rețeta poate fi completată și cu surimi și varză murată.

56. SUSHI CU ROSII SI MOZZARELLA

ingrediente pentru 1 porție

- 1 foi Nori
- 1 Port.Rice (orez sushi), gata preparate, retete in baza de date
- 1 bila de mozzarella
- 2 roșii (n)
- busuioc

Pregătirea

1. Înjumătățiți foaia de nori pe lungime. Puneți o jumătate pe covorașul de bambus și acoperiți cu orez. Tăiați mozzarella în

bețișoare mici. Spălați roșiile și tăiați-le în bețișoare, mai întâi tăiate felii, tăiați interiorul și faceți bețișoarele din marginea fermă a roșiei. Spălați busuiocul. Întindeți pe orez bețișoarele de roșii și mozzarella, precum și frunzele de busuioc. Modelați totul într-o rolă.

2. Faceți același lucru cu a doua jumătate a foii de nori.

57. SUSHI CU Umplutură de morcovi și castraveți

ingrediente pentru 4 portii

- 500 g budincă de orez
- 5 linguri otet de orez sau otet de rachiu
- 4 Morcov
- 1 castravete (substantiv)
- 8 foi de Nori
- putin ulei de masline

Pregătirea

1. Ne-am gândit la varianta cu budinca de orez pentru că nu am putut cumpăra orez

sushi o dată. Credem că are și un gust delicios!

2. Pune orezul în aragazul de orez și spală bine de două ori cu apă călduță. Scurge apa si netezeste putin orezul. Apoi întindeți peste orez 2-3 linguri de oțet de orez. Se toarnă apa de gătit cu o lățime de până la 2-3 degete deasupra suprafeței orezului și gătește orezul. Când aragazul de orez s-a oprit, acoperiți și lăsați orezul sushi să stea încă 10 minute. Apoi opriți complet aragazul de orez și lăsați orezul să se răcească. Capacul poate fi deschis și în acest scop.

3. Orezul poate fi preparat și cu o seară înainte (dacă trebuie să fie sushi la prânz). Cu toate acestea, nu deschideți capacul peste noapte, doar opriți aragazul și lăsați orezul să se răcească, altfel suprafața va deveni foarte uscată și o parte din orez nu mai poate fi folosită.

4. Pentru sushi cu morcovi, spălați, curățați și tăiați morcovii în sferturi pe lungime. Se prajesc in ulei de masline din belsug intr-o tigaie incinsa pentru aproximativ 5 minute, se scot si se aseaza pe o farfurie! Așezați covorașul de bambus pe o suprafață

netedă și puneți deasupra o foaie de nori. Folositi apoi o spatula pentru a intinde orezul cu o grosime de aproximativ 3-5 mm pe toata suprafata frunzei. Acum puneți 2-3 felii de morcov la 2 cm de margine și formați o rolă. În funcție de cât de gros vrei sushi mai târziu, umplutura trebuie măsurată. Aici este nevoie de puțin sentiment! Acum tăiați rulada de sushi în aprox. felii groase de 3 cm și aranjați pe o farfurie. Pentru sushi de morcovi se folosesc 4 frunze de nori, cealaltă jumătate pentru sushi de castraveți.

5. Spălați și curățați castraveții (dacă este necesar, lăsați puțină coajă), în sferturi pe lungime și îndepărtați semințele. Apoi tăiați din nou pe lungimea foii de nori. Fierbeți felii de castraveți într-un stoc de apă și 2 linguri de oțet aproximativ 5 minute, scoateți-le de asemenea și puneți-le pe o farfurie. Procedați ca și cu sushi de morcovi.

58. SUSHI - REȚETA DE BAZĂ DE OREZ

ingrediente pentru 4 porții

- 400 g orez (orez sushi sau orez cu bob scurt)
- 1 lingurita sare
- 500 ml apă
- 3 linguri otet (otet de orez)
- 1 lingura zahar

Pregătirea

1. Aduceți orezul la fiert cu apă cu sare și lăsați-l la macerat timp de 15 minute. Lasam sa se evapore inca 15 minute intr-o oala deschisa. Se amestecă oțetul de orez

și zahărul. Lasă orezul să se răcească complet până când ești gata să-l folosești.

59. SUSHI DE TON

ingrediente pentru 1 porție

- 1 conserve Ton, în apă
- 5 linguri de maioneză
- sare
- piper
- 3 foi de Nori
- 100 g orez, (orez sushi)
- zahăr
- Vin de orez

Pregătirea

1. Spălați orezul de sushi. Aceasta înseamnă apă curgătoare peste el până când iese doar apă limpede.
2. Apoi gatiti conform instructiunilor de pe pachet. Adăugați 1/2 linguriță de zahăr la 2 linguri de oțet de vin de orez și încălziți. Amestecați încet oțetul cald în orezul încă cald, complet fiert.
3. Amesteca tonul cu maioneza, sare si piper si asezoneaza dupa gust.
4. Pentru sushi cu ton, așezați o foaie de nori (cu partea netedă) pe un covor de bambus și întindeți orezul lipicios pe ea, astfel încât aproximativ 3/4 din foaie să fie acoperită cu orez. O mică marjă trebuie lăsată în partea de sus și de jos. În mijloc este o fâșie îngustă cu tonul preparat.
5. Rulați totul și puneți la frigider pentru câteva minute. Apoi tăiați rulada de sushi și bucățile de sushi cu un cuțit ușor umezit și ascuțit.
6. Ghimbirul, wasabi și sosul teriyaki pot fi serviți cu el.

60. MAKI SUSHI DELICIOS CU SURIMI

ingrediente pentru 2 portii

- 1 port. Orez (orez sushi), preparat
- 1 buc. Surimi
- ½ avocado (e)
- 2 linguri cremă de brânză
- 2 foi de Nori

Pregătirea

1. Curăță și curățați avocado de coajă, apoi tăiați fâșii lungi de aproximativ 5 x 5 mm subțiri. Surimi-ul se reduce la jumătate sau sferturi, în funcție de mărime.

2. Așezați foaia de nori pe un covoraș de bambus, astfel încât partea inferioară a foii de nori să fie pe marginea inferioară a covorașului. Întindeți orezul cu o grosime de aproximativ 7 mm pe 2/3 din foaia de nori. Acum intinde o lingura de crema de branza cam 3

cm latime in mijlocul orezului. Puneți deasupra fâșiile de avocado și surimi, aproximativ 3 până la 4 fâșii fiecare. Apoi rulați-o cu grijă, cu o presiune uniformă. Asta face rulouri de maki destul de groase. Ungeți rulada cu puțină apă sau cu un amestec de oțet de orez/apă (aceasta o face mai ușor de tăiat). Tăiați capetele, tăiați rulada în bucăți plăcute, de cel puțin 1,5 cm lungime.

61. NIGIRI - SUSHI CU SOMON Afumat

Ingrediente pentru 4 portii

- 420 g orez (orez sushi)
- 300 g somon, afumat
- Pastă de condimente (wasabi)
- sos de soia
- Ghimbir, dulce și acru

Pregătirea

1. Pentru toți cărora nu le place peștele crud. Preparatul pentru orez sushi poate fi găsit în baza de date CK.

2. Tăiați somonul în fâșii de 5 cm lungime și 3 cm lățime, umeziți-vă mâinile cu apă și luați aproximativ 2 linguri de orez sushi și modelați un bloc dreptunghiular de 5-6 cm lungime, cu laturile și colțurile rotunjite. Apoi acoperiți orezul cu fâșiile de somon și modelați totul din nou pentru a le face delicioase.
3. Amestecați sosul de soia cu pasta de wasabi (atenție, picant) după gust, serviți cu ghimbirul.

62. ROLA DE DRAGON

Ingrediente pentru 4 portii

- 250 g orez, (orez sushi)
- 50 ml Oțet, japonez mai ușor
- 3 linguri de zahăr
- 1 lingurita sare
- 1 lingurita pudra Dashi (optional)
- 2 foi de Nori
- 2 creveți, cu coajă
- făină
- 1 ou (e)
- Panko sau pesmet

- Ulei, pentru prăjire
- 1 morcov
- 1 ceapa primavara)
- 1 castravete
- 2 avocado (e), (coapt, dar nu prea moale)
- 3 linguri suc de lamaie
- 1 lingura susan, (boabe albe si negre)
- 3 linguri de maioneză
- 1 shot sos chili, picant (ex. Sriracha)
- 1 shot ulei de susan
- 1 shot ulei de chili
- 2 lingurite de caviar

Pregătirea

1. Aceasta reteta este pentru doua rulouri. Acestea sunt tăiate în opt bucăți fiecare. Cu alte sushi este suficient pentru 4 portii.
2. Se spală orezul până când apa devine limpede. Apoi il pui intr-o sita si il lasi sa se scurga bine cel putin o ora. Acum punem orezul cu 375 ml apă într-o cratiță și, dacă se dorește, adăugăm pudra de dashi („praf de supă" pe bază de pește și alge), care mărește enorm gustul sushi-ului. În Japonia, oamenilor le place să pună o bucată de kombu (un tip de alge marine) deasupra orezului în timp ce acesta se

gătește. Orezul este apoi fiert deschis și gătit cu capac timp de cincisprezece minute la setarea cea mai scăzută. Lăsați apoi să se evapore încă zece minute fără capac.

3. Intre timp facem sushi-su incalzind putin zaharul si sarea cu otetul pana s-a dizolvat totul frumos (nu fierbem).

4. Când orezul este gata, se pune în mod tradițional într-o cuvă de cedru puțin adâncă și se lucrează cu un pieptene și evantai până se răcește și se slăbește. Se spune din nou și din nou că, dacă nu ai o cadă de lemn, nu trebuie să folosești un recipient metalic. Încă mi-am pus orezul pe o foaie de copt adâncă să se răcească și să-l slăbească, dar l-am acoperit în prealabil cu hârtie de copt. Apoi cam arat orezul cu o spatulă de lemn și turnam în el suficient sushi-su încât orezul să aibă o componentă sărat-acrișoară, ușor dulce.

5. Creveții se curăță de coajă, cu doi dintre ei se lasă înotătoarea coadă. Ar trebui să privească la ambele capete și să susțină

aspectul dragonului. Acum creveții sunt ușor incizat pe spate și orice intestin negru îndepărtat. Pentru a preveni ca crustaceele noastre să se aplece prea mult în timpul gătirii, este indicat să străpungeți o scobitoare din față în spate.
6. Crevetii se intorc acum intai in faina, apoi in ou batut si la final in faina panko, se prajesc in ulei incins pana devin aurii si se aseaza pe hartie de bucatarie pentru a se degresa. În niciun caz nu trebuie să uitați să scoateți frigăruile înainte de a o folosi în continuare.

Susanul este acum prăjit uscat într-o tigaie.

1. Unul dintre avocado este tăiat la jumătate, fără sâmburi, scos cu grijă complet din piele cu o lingură și tăiat în felii cât mai subțiri. Ventim cu grija avocado pe lungime si stropim cu putina zeama de lamaie pentru a nu rumeni.
2. În sferturi și miezul castraveților. Curata morcovii si taiati fasii subtiri. Îndepărtați cu grijă pielea și miezul celui de-al doilea avocado. Spălați ceapa primăvară. Tăiați separat castravetele, morcovul, avocado și ceapa primăvară în fâșii subțiri. Stropiți și al doilea avocado cu suc de lămâie.

3. Acoperim o foaie de nori cu orez grosime de aproximativ o jumătate de centimetru. În partea de sus lăsăm o margine de două degete lată. Umeziți-vă întotdeauna bine mâinile, altfel orezul se va lipi enorm. Apoi întoarcem foaia de nori, astfel încât partea de rupere să fie pe partea de jos, iar banda neocupată cu două degete de pe partea de jos să fie îndreptată spre noi. Apoi acoperim frunza de alge cu morcov, ceapa primavara, avocado, castraveti si creveti, o presaram cu putin susan si o rulam strans.

4. Acoperim acum rulada pe dinăuntru spre exterior cu evantaiul nostru de avocado, o acoperim cu folie alimentară și apăsăm ferm avocado cu covorașul de sushi. Apoi tăiem rulada - încă acoperită cu folie - în opt bucăți de dimensiuni egale, presăm totul în formă din nou cu covorașul și scoatem plasticul.

5. Ne amestecăm maioneza cu sosul de chili, o aromăm cu puțin chili și ulei de susan și

ornam rulada de dragon cu maioneză picant și caviar.

6. Esențial: un cuțit lung, cu o lamă ascuțită, cât mai dreaptă posibil. În loc de avocado, rulada poate fi acoperită și cu sashimi de somon (pește crud, feliat subțire). În Japonia, oamenilor le place să mănânce anghilă în loc de creveți prăjiți.

63. DIP DE LAMAIE SOIA

ingrediente pentru 1 porție

- 6 linguri suc de lamaie
- 6 linguri sos psoy
- 1 lingurita pasta de wasabi

Pregătirea

1. Se amestecă toate ingredientele și se lasă la infuzat aproximativ 10 minute. Serviți ca o baie cu sushi.

64. TORTA SUSHI

ingrediente pentru 1 porție

- 300 g orez sushi
- Foi de 5 bucăți (e) Nori
- 200 g crema de branza
- 1 castravete

- 400 g file (e) de somon (2 bucăți a câte 200 g fiecare)
- 2 avocado (e)
- susan
- Ghimbir, murat
- Wasabi
- sos de soia

Pregătirea

1. Gătiți orezul pentru sushi conform instrucțiunilor de pe pachet și apoi utilizați oțet de orez, sare și zahăr pentru a face orez tipic pentru sushi. Apoi lasam orezul sa se raceasca putin.
2. Curata castravetele de coaja. Curățați și sâmburele avocado. Tăiați castravetele, avocado și fileurile de somon în felii.
3. Tapetați fundul unei tavi arcuite de dimensiunea 26 cu folie alimentară și apoi fixați din nou marginea pe ea.
4. Puneți un strat de orez sushi cam de grosimea degetului mare sau, în funcție de gust, strat gros/subțire și apăsați plat. Înclinați această bază pe o farfurie rotundă de tort. Întindeți acum un strat gros de cremă de brânză pe baza de orez,

apoi puneți deasupra frunzele de nori. Doar tăiați-o astfel încât totul să fie acoperit. În continuare, întindeți deasupra somonul, avocado și castraveții. Dacă prăjitura trebuie să stea puțin, pur și simplu stropește lămâia pe avocado, altfel se va rumeni. Pune fundul la frigider Imediat din cauza peștelui.

5. Folosiți un nou strat de folie alimentară în tava elastică cu restul de orez pentru sushi pentru a crea o a doua bază. Ungeți acest lucru în tava cu arc cu un strat gros de cremă de brânză și apoi puneți deasupra frunzele de nori. Acum înclinați cu grijă etajul al doilea pe primul etaj.

6. Acum puteți decora: susan, frunzele de nori rămase, wasabi, ghimbir și ingrediente rămase. Imaginația nu cunoaște limite.

7. Folosiți un cuțit foarte ascuțit sau zimțat pentru a tăia și a tăia încet. Face 12 bucăți.

8. Serviți cu ghimbir murat, wasabi și sos de soia. Cel mai bine este să mănânci cu cuțit și furculiță.

65. SANDWICH SUSHI

ingrediente pentru 1 porție

- 100 g tofu
- Niște sos de soia
- 1 lingurita fulgi de chilli
- ceva ghimbir
- 1 catei de usturoi)
- 1 foaie Nori
- 70 g orez sushi
- 30g Avocado (e) ▢ 6g Baby spanac
- 50 g varză roșie
- 30ml otet de orez ▢ 5 ml sirop de artar
- ceva sare de mare
- ½ catei de usturoi)

Pregătirea

1. Marinați tofu cu sosul de soia, cățelul de usturoi, 1 linguriță de fulgi de ardei iute și niște ghimbir tocat. Între timp, gătiți orezul sushi conform instrucțiunilor de pe pachet. Prăjiți tofu marinat într-o tigaie antiaderență pe toate părțile timp de aproximativ 3 minute.
2. Curățați avocado, scoateți miezul și tăiați felii. Spălați puiul de spanac și uscați-l cu un prosop de hârtie.
3. Se spală 30 g de varză roșie și se taie fâșii înguste pentru salata de varză roșie. Puneti otetul de orez, siropul de artar, putina sare de mare si ½ catel de usturoi cu putina apa intr-o cratita si aduceti la fiert la foc mediu. Se toarna dressingul cald peste varza rosie, se amesteca bine, se lasa sa se raceasca si se lasa la infuzat.
4. Folosiți un castron mic pentru a modela orezul sushi într-o formă pătrată, puneți-l în mijlocul foii de nori și puneți deasupra frunzele de spanac baby. Acum presați niște salată de varză roșie pe spanac cu o

furculiță și întindeți deasupra câteva felii de avocado. În cele din urmă, înjumătățiți tofuul marinat pe lungime, tăiați și mai mic dacă este necesar și puneți pe feliile de avocado. Când aranjați toate ingredientele, asigurați-vă că acestea sunt așezate cât mai aproape una dintre ele și așezate în straturi într-un pătrat. Acum umeziți vârfurile degetelor cu puțină apă și lipiți colțurile foii unul după altul în mijlocul sandvișului, astfel încât ingredientele să fie bine învelite în foaia de nori. Umeziți din nou cu apă dacă un colț al foii nu se lipește imediat.
5. Tăiați sandvișul și serviți cu sos de soia.

66. CIUPERCI NORI MAKI SUSHI Umplutură

ingrediente pentru 4 portii

- 4. Ciuperci (Shiitak), uscate
- 2 linguri Sos de soia, japonez
- 1 lingura zahar

Pregătirea

1. Înmuiați ciupercile în apă fierbinte timp de aproximativ 20 de minute. Scoateți tulpinile și tăiați capetele în fâșii fine. Se fierbe în 1/2 cană de lichid de înmuiat împreună cu sosul de soia și zahărul până

când lichidul aproape s-a evaporat. Lasati sa se raceasca.

2. Lucrați fâșiile de ciuperci în Maki Sushi (rulouri de orez). Arată foarte bine la culoare (maro) și aromat (dulce, umami, acru) și formează un contrast frumos cu fâșiile de legume.

67. BURRITO SUSHI CU PIPT DE CURCUN, MANGO ȘI AVOCAT

ingrediente pentru 2 portii

- 200 g orez sushi
- 2 linguri otet de orez
- zahăr
- 200 g piept de curcan
- 1 castravete

- 1 Mango (e), copt
- 1 Avocado (e), copt
- n. B. rucola
- 3 linguri Arahide sărate
- 100 g Brânză Creme Fraiche
- 100 g crema de branza
- 1 lămâi)
- 2 linguri ulei, neutru
- n. B. Fulgi de ardei iute ☐ sare si piper
- 4-a foi de Nori
- n. B. sos de soia

Pregătirea

1. Pentru ca orezul de sushi să se răcească pentru rulare, ar trebui să îl pregătiți mai întâi. Mai întâi spălați bine orezul pentru sushi. Apoi pregătiți orezul conform instrucțiunilor de pe pachet sau pur și simplu într-un aragaz de orez. Nu ar trebui să dureze mai mult de 20-30 de minute.
2. Între timp, încălziți oțetul de orez într-o cratiță mică și amestecați cu 1 linguriță de sare și 1 linguriță de zahăr până când sarea și zahărul s-au dizolvat. Puneți orezul

pentru sushi gata într-un castron mare cu amestecul de oțet și amestecați bine cu o lingură de lemn. Apoi pune orezul sushi deoparte și lasă-l să se răcească.

68. GOȘĂRI SUSHI

ingrediente pentru 6 porții

- 200 g orez sushi, fiert
- 50 ml oțet de vin de orez
- 1 lingura ulei de masline
- ½ linguriță sare
- 50 g somon
- ½ castravete
- 50 g crema de branza
- ½ avocado (e)
- Morcov
- susan
- sos de soia

- ghimbir

Pregătirea

1. Amestecați orezul fiert, oțetul de vin de orez, uleiul de măsline și sarea într-un castron mediu. Într-o tavă antiaderentă pentru gogoși, umpleți fiecare tavă cu două linguri mari de orez sushi. Distribuiți astfel încât fiecare formă să fie umplută și orezul să fie distribuit uniform.
2. Acoperiți cu o foaie mare de copt și răsturnați cu grijă forma gogoșii până când aceasta este cu susul în jos. Atingeți forma gogoșilor deasupra și pe părțile laterale, apoi îndepărtați cu grijă.
3. Orneaza orezul sushi cu diferite toppinguri, combinatiile delicioase sunt de exemplu: somon, castraveti, crema de branza si susan. Dar si avocado, crema de branza si castraveti au un gust foarte bun. Morcovul, castraveții, somonul, crema de brânză și semințele de susan sunt, de asemenea, delicioase. La final, stropiți cu

ceapă primăvară și serviți cu sos de soia și ghimbir murat.

69. SUSHI VEGAN DELUXE

ingrediente pentru 2 portii

- ½ cană de orez sushi
- 2 oțet de orez (oțet de vin de orez)
- ½ avocado (e)
- ½ boia de ardei, rosie
- ½ morcov (i) ▢ ¼ castravete
- 5 foi de nori
- 1 carnati, vegani (carnati Merguez)
- Niște pastă de wasabi
- niște sos de soia

Pregătirea

1. Se pune orezul deasupra cu de doua ori mai multa apa, se aduce la fiert pentru scurt timp si apoi se lasa la macerat la foc mic timp de 15 minute. Apoi scoateți-l de pe aragaz, amestecați oțetul de orez și lăsați-l să se răcească, altfel frunzele de nori se vor înmui.
2. Tăiați avocado, ardeiul gras, morcovul, castraveții și cârnații pe lungime în bețișoare subțiri. Decupați castravetele cu o linguriță înainte de a-l tăia.
3. Așezați o foaie de nori pe covorașul de bambus și acoperiți treimea inferioară cu orez. Întindeți deasupra o fâșie de pastă de wasabi, bețișoarele de legume și merguezul. Rulați strâns cu ajutorul covorașului de bambus și tăiați rulada în mai multe bucăți cu un cuțit umed și curat. Faceți același lucru cu celelalte frunze de nori.
4. Servește sushi-ul cu un bol cu sos de soia.

70. OMLETTE TAMAGOYAKI SUSHI

ingrediente pentru 2 portii

- 6 ou (e)
- 50 ml Dashi, vezi rețeta mea în DB, sau Granule Dashi
- apă
- 1 lingura de dragul
- 1 lingurita Mirin
- 1 lingura sos de soia, de buna calitate
- 20 g zahăr
- 1 praf (s) sare
- 2 linguri de praf

Pregătirea

1. Fierbe dashi, sake, mirin și zahăr o dată timp de 1 minut, astfel încât totul să se amestece mai bine și alcoolul să se evapore, apoi se lasă să se răcească. Batem ouale cu putina sare si sosul de soia pana devine spumoasa, apoi amestecam cu el amestecul de dashi, care s-a racit intre timp.
2. Acum aveți nevoie de o tigaie japoneză dreptunghiulară, dar puteți încerca și să faceți o omletă japoneză în tigăi rotunde. Mai târziu, puteți tăia totul într-un dreptunghi mare și puteți folosi marginile tăiate pentru altceva.
3. Întindeți puțin ulei în tigaie și adăugați aproximativ 1/4 din amestecul de ouă. Dacă se blochează pe podea, îndoiți un sfert din suprafață din exterior spre interior, practic pliând-o ca pe o bucată de hârtie pentru o scrisoare. Apoi pliați din nou al 2-lea și al 3-lea sfert peste următorul. Acum distribuiți din nou puțin ulei pe fundul expus al tigaii și umpleți-l

subțire cu amestecul de ouă. Îndoiți aceasta, începând cu masa de ouă deja pliată, în același mod ca înainte. Repetați acești doi pași încă de două ori până când amestecul de ouă se epuizează. Acest lucru creează un rol relativ crescut. Lăsați rulada să alunece pe o planșă, degresați exteriorul cu hârtie de bucătărie și tăiați uniform în cca.
felii groase de 1-2 cm.
4. Mănâncă imediat sau folosește-l pentru nigiri sushi la temperatura camerei. Omleta are un gust bun de la sine, chiar și atunci când este răcită. Îl poți adăuga direct într-un platou de sushi mixt fără orez.

71. Şuruburi - SUSHI

Timp 30 min.

ingrediente pentru 3 portii

- 500 g friptură (e), (fripturi minute de pui)
- 2 buc. Slănină
- 100 g parmezan, dintr-o bucată
- Sare si piper, atentie, parmezanul si baconul sunt sarate)
- 1 port. Unt

Pregătirea

1. Sunt necesare fie şuruburi din alamă (T20), fie scobitori.

2. Tăiați fripturile minute de pui în diagonală, așa că faceți rulade subțiri din ele (funcționează cel mai bine cu un cuțit plat și ascuțit și partea dreaptă a mâinii deasupra). Este nevoie de puțină practică! Dar restul este ușor.
3. Tăiați sau feliați parmezanul în felii subțiri.
4. Așezați feliile subțiri de pui și deasupra puneți o felie de slănină și parmezan. Rulați, ar trebui să fie cel puțin 2 ture, ca să țină totul la prăjit!
5. Apoi înșurubați un șurub de cca. La fiecare 3 cm sau opțional împingeți o scobitoare prin ea. Tăiați rulada la mijloc între scobitori sau șuruburi. Se condimentează bucățile și se prăjește în unt pe ambele părți în tigaie până când carnea este gătită.
6. Rulourile se potrivesc cu tot felul de paste, imi place sa le fac si cu taitei de cartofi prajiti cu sos de spanac!
7. Este un pic o bătaie de cap, dar merită! Mușcăturile mici sunt incredibil de suculente și au doar gust bun. Arată și apetisant! Variațiile de toate tipurile funcționează excelent și ele!

8. Sper sa va placa prima mea reteta!

72. BOL DE SUSHI CU DRESSING ASIATIC INGENIOS

ingrediente pentru 2 portii

- 150 g orez sushi
- 2 linguri otet de orez
- 1 lingura zahar
- ½ linguriță sare
- 180 g file (e) de somon, foarte proaspăt, crud
- 180 g mazăre, TK sau Edamame
- 1 morcov
- Mini castraveți

- 1 foaie Nori
- niște salată Pick
- 1 lingurita susan
- 5 linguri Sos de peste
- 4 linguri sos psoy
- 6 linguri suc de lime
- Frunză de tei kaffir sau niște lemongrass
- 4 linguri de zahăr de palmier, ras (funcționează și zahărul normal)

Pregătirea

1. Gătiți orezul sushi conform instrucțiunilor de pe pachet și lăsați-l să se răcească pentru scurt timp. Între timp, încălziți oțetul, zahărul și sarea într-o cratiță mică în timp ce amestecați și lăsați-le și ele să se răcească. Apoi amestecați amestecul de orez și oțet.
2. Tăiați somonul în bucăți mici, tăiați morcovul și castraveții, aduceți scurt mazărea la fiert și lăsați să se răcească, apoi smulgeți salata verde în bucăți mici. Înmuiați foaia de nori pentru scurt timp. Aranjați totul frumos într-un castron.
3. Pentru dressing, amestecați sosul de pește, sosul de soia, sucul de lămâie, zahărul de palmier și frunza de tei kaffir

tocată grosier și lăsați-o la infuzat, și mai bine pregătiți cu o zi înainte. Apoi, turnați dressingul fără frunza de tei kaffir peste vas și stropiți cu semințe de susan.

73. TOAST SUSHI

ingrediente pentru 1 porție

- 500 g pâine prăjită (întreaga masă)
- 200 g crema de branza
- lapte
- sare
- piper
- 1 bucată (e) Castravete

- 1 bucată (e) Morcov
- 1 bucată (e) salam

Pregătirea

1. Decojiți pâinea, apoi întindeți-o cu un sucitor. Se bate crema de branza cu 1-2 linguri de lapte si se condimenteaza cu sare si piper.
2. Tăiați celelalte ingrediente în bețe de aproximativ 12 cm grosime. Lungimea pixelor depinde de pâinea prăjită - ar trebui să fie puțin mai lungă decât este lată. Întindeți cremă de brânză subțire pe feliile de pâine prăjită și
3. deasupra cu un castravete, un morcov si un bat de salam. Apoi rulați-o cât mai strâns posibil - acest lucru se face cel mai bine cu un covoraș pentru sushi. În cele din urmă, folosiți un cuțit foarte ascuțit, cu o margine netedă, pentru a tăia sushi de cca. 4 cm fiecare.

74. ciuperci SHIITAKE PENTRU SUSHI

ingrediente pentru 2 portii

- 10 ciuperci Shiitake, uscate
- 2 linguri sos psoy
- 2 linguri. zahăr
- 2 linguri de ceai Mirin

Pregătirea

1. Ciupercile shiitake sunt ideale pentru sushi vegetarian, de exemplu maki cu cremă de brânză shiitake.
2. Acoperiți ciupercile shiitake uscate cu apă clocotită și lăsați la înmuiat timp de 15

minute. Alternativ, puteți lua apă rece și o înmuiați timp de o oră (acest lucru ar trebui să facă aroma ciupercilor și mai intensă).

3. Scurgeți ciupercile în timp ce colectați apa de înmuiat. Dacă este necesar, îndepărtați capetele dure ale mânerului. Dacă ciupercile sunt folosite pentru sushi, este indicat să le tăiați în fâșii în acest moment.

4. Acoperiți ciupercile într-o cratiță cu apă de înmuiat și aduceți la fiert, apoi reduceți focul și fierbeți timp de 2 minute. Adăugați zahărul și sosul de soia și fierbeți, amestecând din când în când, până când lichidul s-a evaporat complet.

5. La final se adaugă mirinul amestecând. Ultimul pas nu este necesar, dar mirinul oferă ciupercilor ultima tușă.

75. BOL DE SUSHI CU TAMAGOYAKI

Ingrediente pentru 2 portii

- 150 g orez cu bob scurt
- ½ castravete
- 1 ardei roșu (e)
- 1 morcov
- 1 avocado (e)
- 2 linguri susan
- 5 linguri otet de orez
- 2 linguri ulei de susan
- 2 linguri sos de soia
- Nişte pudră de ghimbir
- 3 ou (e)

- 3 linguri de sake
- 1 lingurita sos de soia
- 2 lingurițe de zahăr
- Niste sare

Pregătirea

1. Pregătiți orezul conform instrucțiunilor de pe pachet. Intre timp spalati legumele. Tăiați ardeiul și castravetele în fâșii subțiri și avocado în felii. Curățați morcovul și tăiați-l în fâșii subțiri cu un curățător.
2. Încinge puțin ulei de susan într-o tigaie. Bateți ouăle într-un castron și bateți. Adăugați 3 linguri de sake, 1 linguriță de sos de soia, 2 lingurițe de zahăr și puțină sare și amestecați bine.
3. Pune 1/3 din amestecul de ouă în tigaia încinsă. De îndată ce oul s-a întărit, rulați-l până la mijloc. Puneți din nou amestecul de ouă pe zona expusă și asigurați-vă că trece sub oul rulat.
4. Așteptați ca oul să înghețe și rulați-l din nou - de data aceasta în cealaltă direcție. Apoi, puneți restul amestecului de ouă pe zona liberă, așteptați până se îngheață și rulați-l complet.

5. Scoateți omleta rulată din tigaie și tăiați-o felii. Pune totul deoparte.
6. Amesteca 5 linguri de otet de orez, 2 linguri de ulei de susan si 2 linguri de sos de soia si asezoneaza cu pudra de ghimbir. Prăjiți semințele de susan într-o tigaie fără ulei.
7. Intinde orezul in boluri (ex. boluri cu cereale) si orneaza cu legume si omleta. Apoi, întindeți deasupra amestecul de oțet, ulei și sos. La final se presară cu semințele de susan prăjite și se servesc.

76. SUSHI LOW CARB

ingrediente pentru 2 portii

- 1 conopida cu cap mare
- sare
- 30 ml otet de orez
- 20 g zahar (1 lingura)
- 1 lingurita sos de stridii
- 100 g cremă de brânză dublă
- 100 g somon
- Castravete (substantiv)
- Legume sau peste la alegere
- cearșafuri Nori
- sos de soia
- Wasabi

Pregătirea

1. Împărțiți conopida în buchețe și spălați. Aduceți apă ușor sărată la fiert. Se pune conopida în apa clocotită și se fierbe timp de 4 minute, trebuie să rămână fermă la mușcătură. Se scurge bine si se lasa sa se raceasca. Utilizați robotul de bucătărie sau blenderul pentru a toca cerealele.
2. Se amestecă oțetul cu zahărul și sosul de stridii și se încălzește scurt, astfel încât totul să se îmbine bine. Apoi turnați peste conopida și amestecați crema de brânză până la o masă.
3. Tăiați legumele și peștele în fâșii subțiri.

Maki:

1. Ungeți o foaie de nori cu amestecul de conopidă. Lăsați marginea superioară liberă pentru cca. 2 cm. Întindeți puțin wasabi deasupra, dacă doriți. Puneți fâșiile de legume și pește pe lungime în mijloc. Umeziți marginea cu apă, astfel încât să se lipească mai bine. Acum înfășurați-l într-o rolă fermă cu un covoraș pentru sushi.

Răciți rulada timp de o oră, apoi tăiați bucăți de aceeași dimensiune.

Nigiri:

2. Formați blocuri mici din amestecul de conopidă cu mâna sau cu o formă de nigiri. Ungeți cu wasabi și acoperiți cu pește. Se răcește și timp de o oră.

77. SUSHI VEGAN

ingrediente pentru 4 portii

- 300 g orez sushi
- 600 ml apă
- 60 ml voiaj sau lingurita de zahar
- ½ linguriță sare sau foi de nori
- 1 castraveți mici de salată, tăiați fâșii sau roșii, tăiați fâșii
- 1 avocado(e) mic(e), tăiat fâșii

În afară de asta:

- n. B. sos de soia

- nB Wasabi

Pregătirea

1. Spălați orezul pentru sushi într-o sită sub jet de apă rece până când apa devine limpede.
2. Apoi scurgeți bine orezul de sushi.
3. Punem la fiert 600 ml de apa intr-o cratita, adaugam orezul si reducem focul, punem capacul si gatim 10 minute. Scoateți orezul de pe aragaz și acoperiți cu un prosop uscat și curat și lăsați să se evapore timp de 10 până la 15 minute. Între timp, încălziți oțetul de orez și dizolvați în el sarea și zahărul.
4. Punem orezul intr-un bol si adaugam otetul de orez si amestecam regulat cu o spatula de lemn si lasam sa se raceasca.
5. Așezați o foaie de nori pe un covoraș pentru sushi, întindeți pe ea orez cu o înălțime de 1 cm, lăsând o fâșie în partea de sus. Asezati legumele curatate taiate fasii in centru. Înfășurați uniform foaia de nori, apoi apăsați cu grijă sushi-ul în covorașul de bambus până devine ușor dreptunghiular. Acest lucru necesită puțină practică.

6. Tăiați sushi-ul în felii de lățimea degetului mare cu un cuțit ascuțit și serviți cu sos de soia și wasabi.
7. Pentru umplutură puteți folosi și alte legume crude de sezon.

78. SUSHI FISH AND CHIPS

Timp 50 min.

ingrediente pentru 4 portii

- 500 g orez sushi sau budincă de orez bună
- 4 linguri de pudră (pudră de oțet sushi

  „Sushinoko")
- 8. Degete de pește, cu carne albă

- 200 g cartofi prăjiți, TK
- 4-a foi de Nori
- Nişte maioneză
- Nişte ketchup

Pregătirea

1. Pudra de oțet de sushi este disponibilă în magazinele asiatice. Alternativ, orezul de sushi poate fi gătit şi cu oțet de sushi, selectați o rețetă din baza de date.
2. Preîncălziți cuptorul la 220 de grade Celsius. Spălați orezul de 2 sau 3 ori într-o cratiță, apoi scurgeți apa. Adăugați 700 ml de apă rece în cratiță şi lăsați orezul să se odihnească timp de 10 minute. Vă rugăm să vă asigurați că oala are mai mult de 1,8 l şi are capac!
3. Pe foaia de copt se pune hârtie de copt, se întinde deasupra cartofii prăjiți şi degetele de peşte şi se da tava la cuptor. Durează aproximativ 20 de minute pentru a termina cartofii prăjiți şi degetele de peşte.
4. Acum gătiți orezul. Pentru a face acest lucru, aşezați oala pe un aragaz electric la setarea maximă (3) şi aşteptați până când spuma iese din oală. Acest lucru durează

aproximativ 10 până la 15 minute. Apoi reduceți căldura la zero și lăsați cratita să stea pe aragaz timp de 15 minute. Vă rugăm să rețineți că, din cauza dimensiunii vasului, este posibil ca spuma să nu poată ieși. Pentru a evita orezul blocat, verificați din când în când - dar nu des! - dacă mai este lichid. Când lichidul s-a consumat, dați imediat focul la zero și lăsați cratița pe aragaz timp de 15 minute. Când orezul este gata, puneți orezul într-un bol și amestecați în pudra de oțet de sushi. Acest lucru va face orezul neted.

5. Scoateți degetele de pește și cartofii prăjiți din cuptor când sunt gata

6. Acum vine rostogolirea. Există câteva sfaturi pentru a face acest lucru, dar recomandarea mea este să înfășurați un covoraș de bambus cu folie alimentară, astfel încât orezul să nu se lipească de covoraș.

7. Așezați foi de nori pe saltea și întindeți orezul deasupra. Apoi, întindeți 2 degete de pește și cartofi prăjiți deasupra

orezului și acoperiți cu majo și ketchup. Modelați totul într-o rolă cu ajutorul covorașului de bambus. Sfat: Există o mulțime de sfaturi bune pentru rularea pe Youtube! După rulare, tăiați rulourile în felii și serviți.
8. Această rețetă a fost dezvoltată pentru o mică petrecere din Londra. Este ușor și tuturor le-a plăcut!

79. SUSHI DULCE CU FRUCTE

Ingrediente pentru 4 portii

- 150 g orez (orez sushi sau risotto)
- 100 ml apă
- 150 ml lapte
- 4 linguri de zahar

- 1 pastaie de vanilie
- 1 kiwi (i)
- 100 g mango (e)
- Căpșune
- 3 linguri Dulceata (caise)
- 3 linguri Pudra de cacao, neindulcita

Pregătirea

1. Se pune orezul intr-o sita si se spala pana cand apa curge limpede. Apoi pune orezul intr-o cratita cu 100 ml apa, lapte si zahar. Înjumătățiți păstăia de vanilie, răzuiți pulpa, adăugați-o la orez și aduceți totul la fiert. Reduceți focul și lăsați orezul să fiarbă aproximativ 20 de minute, amestecând des. Abia cand lichidul este complet absorbit, pune orezul intr-un bol si lasa-l sa se raceasca.
2. Curățați kiwi-ul și mango-ul și tăiați-le fâșii. Curățați și tăiați în sferturi căpșunile. Tăiați două benzi de folie alimentară în cca. dreptunghiuri de 20 cm x 15 cm și așezați-le pe suprafața de lucru.

3. Întindeți orezul pe cele două bucăți de folie de plastic și întindeți-l în două dreptunghiuri. Apăsați ferm orezul și acoperiți suprafețele de orez cu gem de caise. Distribuiți fructele sub formă de fâșii în treimea inferioară a orezului. Bateți orezul peste fructe cu ajutorul foliei și modelați o rolă. Scoateți rulourile de sushi din folie și rulați-le cu grijă în pudră de cacao. Taiati apoi felii si serviti.

80. SUSHI - OREZ

ingrediente pentru 1 porție

- 300 g orez, orez japonez cu bob scurt
- 330 g apă

- 1 bucată (e) Alge (kombu), aproximativ de dimensiunea unei cărți poștale (opțional)
- 4 linguri otet de orez, mai mult japonez
- 2 linguri de zahăr
- ½ linguriță sare

Pregătirea

1. Pune orezul într-o strecurătoare și scufundă-l într-un vas mare de apă. Se spală cu grijă și se scurge de apa cu lapte. Spălați orezul până când apa curge limpede. Scurgeți apa și lăsați orezul să stea în strecurătoare timp de 30 de minute.
2. Tăiați kombu-ul de mai multe ori, astfel încât să își dezvolte pe deplin aroma.
3. Pune orezul spalat intr-o cratita cu apa. Adăugați kombu și închideți capacul. Se aduce la fierbere fără a ridica capacul. Fierbe apa, lasa totul sa fiarba inca 3 minute la foc iute.
4. Reducem apoi căldura semnificativ (am pus aragazul la nivelul 1 din 9) și mai lasă orezul să fiarbă încă 10 minute. Se ia de pe foc si

se lasa sa se odihneasca 10 minute. Ridicați capacul și scoateți kombu-ul.
5. Între timp, încălziți ingredientele pentru amestecul de oțet într-o cratiță, amestecați până s-au dizolvat zahărul și sarea - nu le lăsați să fiarbă! Apoi, scoateți aragazul și lăsați să se răcească.
6. Pune orezul fiert într-un castron, toarnă peste el puțin din amestecul de oțet și amestecă-l în orez cu o spatulă de lemn. Acum distribuiți orezul în bol și lăsați-l să se răcească. Treptat, amestecul de oțet rămas se lucrează cu grijă până când orezul s-a răcit la temperatura camerei.

81. SUSHI TERIYAKI

ingrediente pentru 1 porție

- 4 linguri sos de soia
- 1 lingura vin de orez
- 2 catei de usturoi)
- 2 linguri de ceai Ghimbir, ras
- 1 lingurita sare

Pregătirea

1. Se amestecă bine toate ingredientele, usturoiul presat.
2. Acest sos este ideal pentru marinarea cărnii (informațiile despre rețetă sunt suficiente pentru aprox. 500 g).
3. În loc de vin de orez, poți folosi și sherry.

82. SALATA SUSHI

ingrediente pentru 2 portii

- ceva ulei de floarea soarelui
- 1 foaie Nori aprox. 20 x 20 cm
- 200 g orez cu bob scurt
- 30 ml otet de mere, mai limpede
- 1 linguriță, zahăr plin
- 1 lingurita, sare nivelata
- 175 g crema de branza (Philadelphia)
- 2 linguri sos de soia
- ½ castravete
- 200 g Somon, crud sau afumat, dupa gust
- ½ avocado (e), copt
- ceva susan, alb-negru amestecat

pregătire

1. Gatiti orezul conform instructiunilor de pe pachet. Amesteca crema de branza cu sosul de soia. Se amestecă oțetul cu zahărul și sarea și se adaugă la orezul fiert încă cald.
2. Tăiați castravetele, somonul și avocado în felii groase de 3 mm. Cand orezul s-a racit, reincalzeste orezul in cuptorul cu microunde.
3. Luați o formă de 14 x 14 x 5 cm, așezați-o pe o masă mare de tăiat și frecați cu ulei de floarea soarelui.
4. Tăiați foaia de nori la dimensiunea corectă pentru forma pe care o utilizați și puneți-o în formă. Apoi, distribuiți uniform jumătate din orezul preparat în tigaie cu mâinile umede și apăsați ferm.
5. Amestecați a doua jumătate de orez cu restul tocat mărunt din foaia de nori tăiată. A rămas un colț al foii de nori când o tăiați la dimensiune, cu alte cantități, păstrați aproximativ aceeași proporție.

6. Întindeți o jumătate din crema de brânză și amestecul de soia uniform peste orez. Stratificați uniform castraveții și apăsați ușor. De asemenea, distribuiți uniform somonul și apăsați ușor. La final, asezam feliile de avocado deasupra si apasam usor.
7. Întindeți deasupra orezul nori și apăsați ușor. Apoi întindeți restul amestecului de soia Philadelphia peste orez. Se presara cu seminte de susan. Dam la frigider pentru o ora.
8. Dacă doriți, puteți adăuga totul înainte de servire. Mai întâi, B. se decorează cu ghimbir murat sau alte ingrediente potrivite. Apoi îndepărtați forma.

83. SPREEWALD SUSHI

ingrediente pentru 1 porţie

- 0,33 cană de orez pentru sushi
- 1 foaie Nori
- 1 lingura sos de soia
- 1 lingurita otet de orez
- ¼ lingurita zahar
- Pastă de wasabi

pregătire

1. Aduceţi apa la fiert, adăugaţi orezul pentru sushi şi fierbeţi la foc mediu, amestecând des. Când orezul este moale,

adăugați zahăr și oțet de orez. Apoi lăsați orezul să se răcească.

2. Tăiați castravetele în bețe. Întindeți foaia de nori pe un covoraș pentru rulouri de sushi și întindeți orezul deasupra. (Sfat: umeziți-vă mâinile în prealabil pentru ca orezul să nu se lipească de el.) Puneți deasupra bețișoarele de castraveți pe lungime. Rulați totul. Tăiați rulada în bucăți mici.

3. Se serveste cu sos de soia si pasta de wasabi.

84. GĂTIȚI OREZUL SUSHI LA MICROUNDE

ingrediente pentru 5 porții

- 500 g orez sushi
- 700 ml apă
- Oțet (oțet de sushi)

pregătire

1. Orezul se spala intr-o sita, se amesteca cu apa, se acopera si se fierbe in cuptorul cu microunde maxim 10-15 minute. Apoi se acopera cu un prosop de bucatarie si se lasa la macerat 10 minute.

2. Se condimentează apoi cu oțet de sushi și se lasă orezul să se răcească. Apoi procesează.

Sfat: De asemenea, puteți amesteca 250 de grame de orez cu 350 ml de apă pentru o porție mai mică pentru două persoane.

85. SUSHI FĂCUT DIN ciuperci cu stridii (LOW CARB)

Timp 40 min.

ingrediente pentru 2 portii

- 300 g ciuperci King
- 180 g tăiței Shirataki sub formă de orez
- 2 linguri crema de branza ⬜ 200 g Pak choi
- 1 ceapa primavara (substantiv)

- n. B. coriandru
- 3 foi de Nori

pregătire

1. Tăiați ciupercile stridii pe lungime în felii subțiri și prăjiți-le într-o tigaie cu puțin unt sau ulei. Se pot rumeni putin pentru aroma. Lasati sa se raceasca.
2. Împărțiți pak choi, dacă este necesar, tăiați frunzele pe lungime și prăjiți scurt în tigaie la foc mare. Ar trebui să rămână crocant.
3. Curatati verdele de ceapa primavara si taiati fasii.
4. Spălați shirataki într-o strecurătoare. Dacă au miros de pește (din cauza lichidului alcalin), clătiți scurt cu oțet, apoi clătiți oțetul. Se scurge bine si apoi se amesteca cu crema de branza.
5. Întindeți o treime din fiecare pe o foaie de nori, puneți deasupra 1/3 ceapă primăvară, 1/3 ciuperci și 1/3 pak choi. Dacă vă place coriandru, puteți presăra

peste el coriandru tocat. Se rulează și se taie în felii.
6. Se serveste cu sos de soia si wasabi.
7. Rețeta funcționează la fel de bine cu orez sushi adevărat, desigur.

86. SUSHI "KAPPA MAKI"

ingrediente pentru 12 porții

- 250 g castravete (substantiv)
- 140 g orez sushi, fiert
- 1 foaie foaie Nori
- 35 g pasta de wasabi
- sare

pregătire

1. Spălați castraveții, apoi tăiați pe lungime fâșii groase de 1 cm. Se presară cu sare și se lasă să stea câteva minute. Apoi spălați fâșiile de castraveți.
2. Întindeți orezul sushi pe foaia de nori, apoi puneți fâșiile de castraveți ca o linie subțire și ungeți cu puțină pastă de wasabi.
3. Se rulează și se taie în sushi de 5 cm lungime.

87. SIMFONIA NIGIRI SUSHI

ingrediente pentru 4 portii

Pentru orez:

- 400 g orez sushi
- 600 ml apă

Pentru sos: (condimente pentru sushi-zu)

- 50 ml otet de orez
- 40 g zahăr
- 20 g sare

Pentru sos: (sos Nikiri)

- 50 ml Mirin
- 50 ml otet de orez
- 40 g zahăr
- 50 ml sos de soia
- 50 ml Sos de soia, gros, sarat
- 50 ml Sos de soia, gros, dulce

Pentru acoperire:

- 150 g somon
- 150 g ton
- 150 g cod
- 150 g biban de mare
- 1 tub / n preparat Wasabi

1. Spălați orezul pentru sushi sub apă rece până când apa este pe jumătate limpede. Intr-o cratita cu apa (intotdeauna de 1,5 ori cantitatea de apa) si capacul inchis, dam la fiert pana se fierbe. Amestecați o

dată și cu capacul închis, puneți orezul la abur pe plita oprită.
2. Între timp, aduceți la fiert oțetul de orez, zahărul și sarea și răciți pentru scurt timp. Dupa cca. 10 - 20 de minute, pune orezul intr-un bol mare (sau mai bine, intr-un hangiri) si foloseste un ventilator pentru a raci orezul si in acelasi timp se lucreaza in sushi-zu, adica sosul de condimente.
3. Pentru sosul Nikiri, aduceți mirinul, oțetul de orez și zahărul la fiert și reduceți la sirop. Adăugați cele trei sosuri de soia diferite la lichidul răcit și amestecați. Nikiri este un tip de lac care se folosește pentru a da unor tipuri de pește, în special ton, finisajul lor final. Fiecare maestru sushi are rețeta lui.
4. Pentru sushi nigiri, tăiați peștele proaspăt în felii subțiri. Asigurați-vă că comandați peștele în calitate de sashimi de la vânzător de pește!
5. Formați bile de orez, întindeți wasabi-ul sub pește și puneți deasupra, apăsați și formați un sushi nigiri. Ungeți tonul cu

sosul nikiri. Flamam somonul cu arzătorul bunsen și apoi terminați cu sosul nikiri.
6. Serviți cu ghimbir murat.

88. VEGAN KIMCHI SUSHI

Timp 65 min.

ingrediente pentru 3 portii

- 100 ml orez sushi
- 1 lingura ulei de susan, inchis
- 1 lingura otet de orez
- 1 lingura susan
- 1 lingurita sare
- 3 Ceapă (e) primăvară, parte verde
- 3 foi de Nori
- 6 linguri Kimchi

pregătire

1. Gatiti orezul cu de doua ori mai multa apa la foc mediu. Mai adauga putina apa daca este necesar. Lăsați orezul să se răcească și apoi amestecați uleiul de susan, oțetul de orez, semințele de susan și sarea.
2. Întindeți 2 linguri de orez pe jumătatea inferioară a foii de nori și puneți deasupra un rând de ceapă primăvară și 2 linguri de kimchi. Rulați-l și umeziți capătul cu apă pentru a se lipi mai bine.
3. Puneți cusătura ruloului de sushi în jos pe o placă de lemn. Faceți același lucru cu celelalte două frunze de nori. La final taiem rulourile in felii groase de 1,5 - 2 cm si servim cu putin sos de soia.

89. ST. PAULI - SUSHI CU REDUCERE DE BALSAM

ingrediente pentru 4 portii

- 150 g orez, sushi
- 200 ml apă
- 3 linguri otet de mere sau otet sushi
- 60 ml sos de soia
- 3 linguri otet balsamic
- 100 g zahăr
- 4 m.-Boletus mare
- 1 lingura ulei de susan
- 1 frunze de nori, tăiate în fâșii sau alge marine

pregătire

1. Se pune orezul într-o sită și se spală sub jet de apă până când apa care curge este limpede.
   Lăsăm apoi orezul să stea în sită aproximativ o oră.
2. Între timp, pentru reducerea oțetului balsamic, puneți într-o cratiță fără capac sosul de soia, oțetul balsamic și zahărul și reduceți la o consistență vâscoasă la foc mic, amestecând din când în când.
3. Punem orezul si apa intr-o cratita, aducem la fiert si fierbem vioi aproximativ doua minute. Reduceți căldura semnificativ și gătiți cu capacul închis timp de aproximativ 15 minute. Pugeti orezul cu betisoare sau cu o furculita. Puneți oțet de mere sau sushi. Pune un prosop pe o tavă de copt, întinde orezul peste el pentru a se răci cât mai repede posibil.
4. Curățați și periați ciupercile și tăiați-le în felii de aproximativ 1 cm grosime. Se incinge o tigaie, se toarna ulei de susan, se pun ciuperci si se prajesc pe ambele parti pentru ca ciupercile sa prinda culoare. Apoi intoarceti ciupercile in reducerea balsamica.

5. Modelați orezul în rulouri mici, în porții. Pune o felie de ciupercă pe fiecare rulou. Înfășurați fiecare rulou cu o fâșie îngustă de nori sau alge marine.

90. SUSHI MUNTAIN STIL

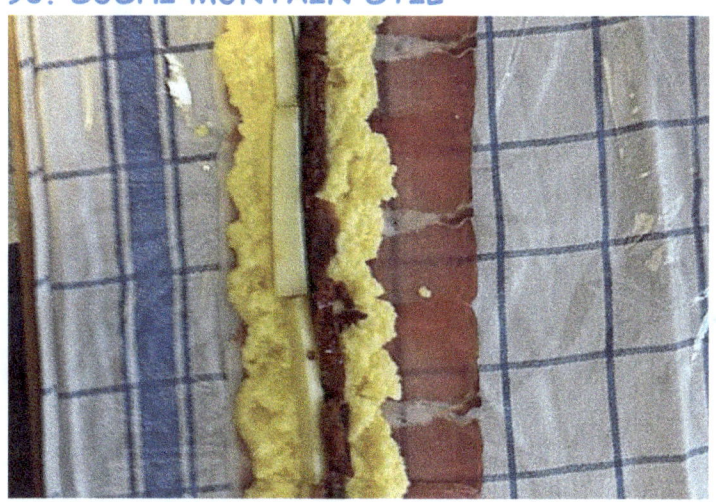

ingrediente pentru 4 portii

- 100 g nisip de porumb (Bramata), grosier
- 100 g branza de vaci
- 50 g brânză (aromă Gruyere), tăiată mărunt
- 50 g rosii, uscate, in ulei
- 1 lingura Capere

- 1 lingura ceapa (e)
- 10 ardei iute (Pepperdews), fără umplutură
- 200 g șuncă (șuncă crudă de Grisons)
- 1 buchet Busuioc, frunze mari
- niște Cimbru, proaspăt
- niște Tarhon, proaspăt
- niște Maghiran, proaspăt
- niște oregano, proaspăt
- niște busuioc, proaspăt
- sare si piper
- Vin, alb
- Oțet
- sos Worcestershire
- sos de soia
- Boia praf

pregătire

1. Gătiți bramata în apă fără sare, s-ar putea să mai muște. Pentru a se răci rapid, se întinde subțire pe o tavă de copt, se acoperă cu folie alimentară. Așezați folia direct pe Bramata, astfel încât să nu se formeze piele. După ce Bramata s-a răcit, faceți un amestec tartinabil cu brânză de vaci, creme fraiche, Gruyere, Pepperdews și ierburi. Asezonați cu sare, piper, sos de soia, sos Worcestershire, oțet de orez, vin

alb, boia de ardei și multe ierburi: cimbru, tarhon, maghiran. Roșiile se taie în bucăți, se toacă ușor caperele și ceapa argintie și se amestecă, se condimentează după gust picant până la picant (tabasco verde, ardei cayenne).

2. Întindeți un prosop curat, acoperiți-l cu o fâșie largă (50 - 60 cm) de folie alimentară, întindeți șunca crudă cu o ușoară suprapunere, atât de lată cât 2 felii sunt lungi, lungimea este variabilă. Răspândiți masa bramata uniform, cu o grosime de aproximativ 5 mm. Asezati frunzele de busuioc smulse in treimea superioara a suprafetei, aprox. 6-8 cm latime pe toata lungimea. Întindeți umplutura de roșii pe frunzele de busuioc, aplicați sau îmbrăcați cârnatul gros cât degetul mare.

3. Rulați totul energic dar cu grijă cu cârpa și folia, asigurându-vă că folia să nu fie rulată cu ea. Pune rulada finită într-un loc răcoros pentru cel puțin 2 ore și scoate-o din frigider înainte de servire până când

rulada a ajuns la temperatura camerei. Un cuțit ascuțit absolut profesionist este esențial pentru tăiere. Cel mai bine este un cuțit pentru somon sau filet.

4. Versiunea mea are doar ceva în comun cu sushi, prin faptul că ambele sunt rulate. Cantitatile date sunt variabile. Practic, acest fel de mâncare este foarte uşor de preparat, atrage ochiul absolut și poate fi variat și schimbat foarte uşor. Mă văd inventatorul stilului Sushi Mountain și mă bucur de fiecare nouă variantă.

91. OREZ SUSHI, JAPONEZ

Timp 30 min. **ingrediente**

pentru 4 portii

- 300 g orez (orez cu bob scurt)
- 1 Konbu (alge marine, aprox. 6x6 cm)
- 1 lingura zahar
- ½ linguriță sare
- 4 linguri de oțet (oțet de orez sau de vin alb)

pregătire

1. Spălați bine orezul și lăsați-l să se scurgă. Se pune intr-o cratita si se acopera cu aproximativ 400 ml apa. Ștergeți algele cu o cârpă umedă, tăiați-o în lateral și apoi turnați-o pe orez. Aduceți totul la fiert în timp ce amestecați de mai multe ori. Apoi reduceți focul și gătiți orezul la foc blând timp de 10 minute. Scoateți bucata de alge și gătiți orezul încă 8-10 minute până când toată apa a fost absorbită de orez. Luați oala de pe aragaz, acoperiți orezul cu un prosop de bucătărie și lăsați-l să se odihnească timp de 10 minute.

2. Se dizolvă zahărul și sarea în oțet. Pune orezul într-un castron. Stropiți cu soluția de oțet și amestecați cu grijă. Utilizați un ventilator pentru a adăuga aer rece pentru a face orezul pufos.

92. OREZ SUSHI

ingrediente pentru 1 porție

- 300 g orez (orez lipicios), japonez
- 360 ml apă
- 4 linguri otet de orez
- 1 ½ linguriță zahăr
- 1 ½ linguriță preparat de sare

1. Aduceți apa și orezul la fiert într-o cratiță închisă. Reduceți căldura și continuați să gătiți timp de 15 minute. Apoi, luați oala de

pe aragaz, puneți 2 straturi de hârtie de bucătărie între oală și capac și lăsați orezul să stea încă 10-15 minute.

2. Între timp, amestecați oțetul, zahărul și sarea și încălziți ușor până când zahărul s-a dizolvat. Adăugați cu grijă amestecul de oțet la orez. Acoperiți cu o cârpă umedă până la utilizare.

93. OREZ DE SUSHI PERFECT

ingrediente pentru 4 portii

- 2 cani/n orez (orez lipicios sau cu bob scurt)
- 1 foaie Nori
- 3 cană/n apă
- 4 linguri vin de orez sau sherry uscat
- 6 linguri otet de orez sau otet de sherry
- 3 linguri. zahăr
- 1 lingura Mirin (vin dulce de orez)
- ½ linguriță de sare sau 1 - 2 linguri de preparat pentru sos de soia

1. Spălați orezul în apă până când apa devine limpede. Scurgeți bine. Lăsați-l la macerat timp de 10 - 12 minute, amestecând din când în când.
2. Între timp, puneți foaia de nori într-o cratiță, acoperiți ușor cu apă și lăsați-o la infuzat aproximativ 5 minute. Apoi, puneți restul de apă, vinul de orez și orezul în cratiță și aduceți la fiert, acoperit.
3. Acum reduceți temperatura și lăsați orezul să se umfle până când apa s-a absorbit complet. Acum lăsați orezul să se aburească cu capacul deschis și îndepărtați frunza.

4. Se amestecă ingredientele rămase până când zahărul și sarea s-au dizolvat complet pentru amestecul de condimente. Pune orezul fiert încă cald într-un bol nemetalic și distribuie uniform amestecul de condimente deasupra.
5. Acum amestecați sau stratificați orezul în mod regulat, astfel încât să se răcească cât mai uniform posibil și amestecul de condimente să se poată răspândi uniform.
6. Acoperiți vasul cu o cârpă umedă pentru a preveni uscarea orezului și a deveni tare când orezul s-a răcit.

94. TAVITA SUSHI

ingrediente pentru 2 portii

- 200 g orez lipicios
- 100 g somon
- 1 legatura ceapa primavara)
- susan
- maioneză
- sos de soia
- sare
- 1 foaie Nori

pregătire

1. Se spală orezul și se gătește cu puțină sare conform instrucțiunilor, apoi se răcește puțin.

2. Între timp, prăjiți câteva semințe de susan într-o tigaie dacă este necesar și apoi puneți-le deoparte pentru mai târziu.
3. Ceapa primavara se toaca si se caleste scurt intr-o tigaie cu putin ulei sau rama. Pune deoparte.
4. Între timp, tăiați somonul fâșii și lăsați-l deoparte.
5. Tăiați foaia de nori în pătrate mici (aprox. 1 x 1 cm) cu foarfecele și lăsați-o deoparte.
6. De îndată ce orezul este suficient de rece, puneți toate ingredientele împreună în tigaie, amestecați bine și condimentați cu maioneză și sos de soia după dorință.
7. Puteți folosi și alte ingrediente și puteți face o tigaie pentru sushi vegană dacă doriți. Cu excepția orezului, sushi este destul de variabil.

95. OREZ JAPONEZ FĂRĂ OAREZĂ

ingrediente pentru 2 portii

- 200 g Budincă de orez sau orez japonez/coreean
- 250 ml apă
- Ghimbir, optional

pregătire

1. Pune orezul într-un bol și spală de trei până la patru ori. Apoi, adăugați mai multă apă la orez și lăsați să stea aproximativ 30 de minute.
2. Se toarnă apa și se transferă orezul într-o cratiță cu capac. Adăugați 250 ml apă. Este foarte important să folosiți un capac și să nu scoateți niciodată capacul. Dacă capacul are un orificiu, puneți o cârpă

peste orificiu. Puneți aragazul la cea mai mare setare și aduceți la fierbere. Nu ridicați capacul, doar puneți aragazul la setarea cea mai joasă. Se fierbe timp de 10 minute.

3. După 10 minute, scoateți orezul de pe aragaz și lăsați-l să se aburească încă 10 minute cu capacul pus.
4. Complet.
5. Îmi place să adaug o bucată mică de ghimbir la orez.

96. HOSO - MAKI CU LEGUME

ingrediente pentru 1 porție

- 2 Morcov(i), tăiați pe lungime în bețișoare subțiri
- 12 Ciuperci, ciuperci shiitake uscate, curățate, curățate și tăiate în fâșii subțiri
- 7 linguri Sake, alternativ sherry uscat sau vermut
- 3 linguri de zahar
- 4 linguri sos de soia
- ½ fret arpagic
- cearșafuri Nori
- Pastă de wasabi
- Orez, (orez sushi)

pregătire

1. Aduceți sake-ul la fiert cu zahărul și sosul de soia și 5 linguri de apă, introduceți feliile de shiitake și fierbeți aproximativ 15 minute, apoi adăugați bețișoarele de morcov și fierbeți ușor încă 5 minute. Se lasa sa se raceasca in supa, apoi se scurge si se usuca pe prosoape de hartie.
2. Se spală arpagicul și se usucă.
3. Pregătiți orezul ca de obicei, întindeți orezul pe foi de nori tăiate în jumătate, apoi, în loc de fâșii de pește, acoperiți cu fâșiile de morcov pregătite, ciuperci și 1-2 tulpini de arpagic, cu puțină pastă de wasabi (mie îmi place să diluez pasta cu putina apa, apoi se poate doza mai bine) si ruleaza foile de nori cu ajutorul unui covoras de bambus, se dau la rece si se taie in cate 6 bucati. Se serveste cu ghimbir, wasabi si sos de soia.

97. SOS TERIYAKI

Ingrediente pentru 2 portii

- 1 lingurita ulei de masline
- 1 ceapă mică (substantiv)
- 3 degete/n usturoi
- 10 g Ghimbir, proaspăt
- 50 ml sos de soia
- 80 g zahăr

pregătire

1. Curățați ceapa și tăiați-o în cuburi mici. Curățați usturoiul și ghimbirul și, de asemenea, tăiați mărunt. Prăjiți totul împreună în uleiul de măsline încălzit până când totul devine galben auriu. Adăugați sosul de soia și zahărul și fierbeți încă 5-7 minute. La final, filtrează sosul și folosește doar sosul pur.

98. PUI ONIGIRI TERIYAKI

ingrediente pentru 4 portii

Pentru orez:

- 250 g orez sushi
- 450 ml apă, uşor sărată
- 1 lingurita zahar
- ½ linguriță sare
- 25 ml otet de orez

Pentru carne:

- 250 g piept de pui
- sare si piper
- 5 linguri sos de soia

- Sos teriyaki
- 3 linguri de maioneza
- 2 ceapa primavara)

pregătire

1. Se spală pieptul de pui și se taie cubulețe foarte mici. Prăjiți cubulețele de piept de pui. Asezonați după gust cu sare, piper și sos de soia și sos teriyaki. Lasati sa se raceasca.
2. Se toaca cubuletele de pui si se ingroasa cu maioneza pentru a se lipi cu bucatele mici de pui. Adaugati ceapa primavara tocata marunt si asezonati cu sos teriyaki pana obtineti gustul.
3. Spălați orezul pentru sushi până când apa devine limpede. Se lasa apoi sa fiarba cu apa conform instructiunilor timp de aproximativ 10 minute, pana cand abia mai ramane apa in oala.
4. După gătit, lăsați orezul pentru sushi să se odihnească aproximativ 10 minute, apoi puneți-l într-un castron de lemn sau de sticlă și asezonați cu oțet de orez sushi. Adăugați sare și zahăr și lăsați orezul să se răcească până la călduț.
5. Udați-vă mâinile cu apă rece. Apoi modelați o parte din orezul de sushi călduț într-un

triunghi mai plat și apăsați un mic gol în mijloc. Puneți o parte din amestecul de pui teriyaki în centrul triunghiului de orez. „Tinker" un alt triunghi de orez pe partea umplută și stoarce totul împreună puțin, astfel încât

se creează un triunghi cu pasta de pui teriyaki în mijloc.
6. Tăiați foile de nori cu foarfecele și înfășurați onigirile în foaia de nori.

99. TARTARE DE TON CU PESTO DE CORIANDR

ingrediente pentru 4 portii

- ciorchine de coriandru
- 50 g parmezan
- ulei de masline
- 2 degete/n usturoi
- ½ linguriță sare
- 1 shot Gin, sec sau vermut
- 1 lingură suc de lămâie sau suc de lămâie
- sos de soia
- 150 g Ton, preparat mai proaspăt

1. Răzuiți tonul proaspăt din toată bucata cu o lingură normală, astfel încât să obțineți un tartar grosier. Se amestecă bine cu zeamă de lămâie, puțin ulei de măsline, gin și 1 - 1,5 linguri de sos de soia și, ideal, se păstrează acoperit la loc răcoros.

2. Pentru pesto, tocați grosier coriandru și usturoi. Se rade parmezanul, daca nu a fost deja ras. Se toarnă nucile de pin și sarea într-un vas înalt și se piesază cu un blender de mână. Umpleți cu ulei de măsline până capătă consistența unei paste de dinți. Amestecați acestea într-un raport de aproximativ 1: 3 de pesto la

tartar cu tartarul de ton și asezonați cu sos de soia.

3. Ca o variantă, puteți înlocui aproximativ un sfert din coriandru cu busuioc thailandez sau să rafinați tartarul cu puțin ghimbir tocat mărunt.
4. Restul de pesto poate fi păstrat într-un recipient închis la frigider pentru cel puțin o săptămână și se potrivește de minune cu paste sau aperitive.

100. OUĂ PRIETE ÎN STIL JAPONEZ

ingrediente pentru 4 portii

- 8 m.-ou (e) mare
- 2 linguri pudră de wasabi
- 1 lingurita pudra de ghimbir
- ½ linguriță sare
- 1 ou(e), pentru pane
- 8 linguri pesmet (panko-), japoneză

Pentru set:

- n. B. Pastă de wasabi
- n. B. Rădăcină de ghimbir (gari), japoneză murată
- n. B. sos de soia
- Grăsime vegetală, pentru prăjire

pregătire

1. Se aduce apa la fiert in oala. Acum adăugați ouăle și gătiți exact 5 1/2 minute la cea mai mare setare. Se stinge bine și se lasă să se răcească la temperatura camerei.
2. Între timp, așezați o „linie de pâine" în trei farfurii de supă. Stația 1: Se amestecă bine pudra de wasabi cu ghimbirul și sarea. Acest amestec înlocuiește făina în panerea „normală". Stația 2: Rupeți bine oul. Stația

3: Pune pe farfurie pesmetul de panko. Acest pesmet japonez formează o acoperire deosebit de crocantă. Dar funcționează și cu pesmet standard.

3. Curățați cu grijă ouăle răcite și lăsați deoparte.
4. Preîncălziți o friteuză cu grăsime vegetală neutră la 160 de grade. Ouăle sunt cele mai bune dacă le prăjiți plutind în multă grăsime.
5. Întoarceți ouăle în stația 1. Ștergeți excesul de praf dacă este necesar. Trageți bine prin stația 2 și acoperiți complet cu oul bătut. În cele din urmă, rulați pesmetul în stația 3.
6. Coaceți în friteuza preîncălzită timp de 2 minute până se rumenesc.
7. Pentru a spori atingerea japoneză, puteți orna ouăle cu pastă de wasabi, ghimbir murat și sos de soia.
8. Dacă totul a funcționat, ouăle vor fi crocante la exterior, iar gălbenușurile vor fi calde și ceroase.

CONCLUZIE

Astăzi sushi este unul dintre cele mai populare, transformate și topite alimente la nivel global. Are multe posibilități, așa că este în continuă evoluție.

Sushi este făcut din pește, dar poate fi făcut cu carne, legume sau ouă. Iar produsele pe care le însoțește nu trebuie neapărat să fie crude. Drept urmare, este în prezent încorporat în gastronomia multor țări.

www.ingramcontent.com/pod-product-compliance
Lightning Source LLC
Chambersburg PA
CBHW070349120526
44590CB00014B/1062